AF697742

Crónicas *en un* tiempo de arte

NO LONGER PROPERTY OF
THE QUEENS LIBRARY.
SALE OF THIS ITEM
SUPPORTED THE LIBRARY

Efraín E. Pérez-Chanis

Crónicas *en un* tiempo de arte

QUEENS BOROUGH PUBLIC LIBRARY
LITERATURE & LANGUAGES

EDITORIAL
INSTITUTO de CULTURA
PUERTORRIQUEÑA

Queens Borough Public Library

Efraín E. Pérez-Chanis / *Crónicas en un tiempo de arte*

© De esta edición: Instituto de Cultura Puertorriqueña –2003

Diagramación: Marcos Pastrana Fuentes
Diseño de portada: Yolanda Pastrana Fuentes

Library of Congress Cataloging-in-Publication Data

Pérez-Chanis, Efraín, 1920-
Crónicas en un tiempo de arte / Efraín Pérez-Chanis.
p. cm.
Articles originally published in the magazine Urbe.
ISBN 0-86581-569-0
1. Art, Puerto Rican–20th century. 2. Artists–Puerto Rico–Biography–History and criticism. I. Instituto de Cultura Puertorriqueña. II. Urbe. III. Title.

N6612.P46 2002
709'.7295'09046–dc21 2002038892

Editorial del Instituto de Cultura Puertorriqueña
Apartado 9024184
San Juan, Puerto Rico 00902-4184
Tels.: (787) 725-7515 / 725-1988
Fax: (787) 723-1827
www.icp.gobierno.pr

Índice

Prólogo
9

Preámbulo a las Crónicas
11

Julio Rosado del Valle: pintor y escultor
15

Tufiñc
23

El arte de Lorenzo Homar
29

El arte de Carlos Marichal
35

Augusto Marín: pintor del carácter y el vigor
41

Carlos Raquel Rivera: pintor de ideas
47

Rafael Rivera García: pintor de emociones
55

Myrna Báez: la poesía pictórica
63

El arte abstracto de Luis Hernández Cruz
69

Domingo García
75

El expresionismo de Francisco Rodón
81

José Iranzo: Escenógrafo y maestro de artesanía
87

Manuel Hernández Acevedo: intérprete del primitivismo
91

El dinamismo pictórico de José R. Oliver
97

Antonio Molina y los espacios oníricos
103

El arte del maestro Homar
109

López Dirube, humanizador de la materia
117

Cyril W. Meijers, expuso en Comerío
129

Jorge Rechany, poeta de la forma y del color
133

Epílogo
139

A la memoria de Frai Cyril W. Meijers, O.P.

Domini Cani

Prólogo

La Asociación Internacional de Críticos de Arte, Capítulo de Puerto Rico (AICA-PR) se enorgullece de haber contribuido a viabilizar la publicación de *Crónicas en un tiempo de arte* del arquitecto Efraín Pérez-Chanis. Esta iniciativa, al igual que otros esfuerzos paralelos, responde al interés profundo que AICA-PR tiene en contribuir al desarrollo y a la divulgación de la cultura puertorriqueña.

Hace más de cuatro décadas, Puerto Rico contaba con una revista profesional que examinaba temas de arquitectura, urbanismo, ingeniería, construcción y arte. Esta publicación bimensual fue producto de la visión de un panameño que hizo de nuestra patria la suya. La revista *Urbe* de la mano de su creador Efraín Pérez-Chanis, salió a la luz en 1962 y se publicó ininterrumpidamente hasta 1973. Durante este periodo, Pérez-Chanis escribió 20 artículos sobre artistas plásticos de nuestro país. En estos escritos se armonizan elementos característicos de la entrevista, la reseña y la crítica. Esta integración es la razón por la cual el autor prefiere referirse a ellos como *crónicas*.

Hoy, al igual que hace 30 años, estas crónicas artísticas siguen vigentes por dos razones. En primer lugar, porque esta recopilación las hace accesibles nuevamente a las generaciones de aquella época. En segundo lugar, porque la información también está disponible a las generaciones jóvenes que no fueron parte de aquel momento de nuestra plástica pero que a través de esta lectura podrán conocerlo y participar de él.

Algunos de los artistas reseñados ya no nos acompañan, como Carlos Marichal, Carlos Raquel Rivera, José Iranzo, Manuel Hernández Acevedo, José R. Oliver, Rolando López Dirube, Cyril W. Meijers y Jorge Rechany. Otros, como Rafael Rivera García y Antonio Molina, han laborado además del arte en otras actividades paralelas. Myrna Báez y Luis Hernández Cruz continuaron expresándose espléndidamente. Otros, como Julio Rosado del Valle, Rafael Tufiño, Lorenzo Homar, Augusto Marín, Domingo García y Francisco Rodón, se convirtieron en los maestros del siglo XX. Todos estos artistas son parte integrante de una época que marcó el florecimiento de nuestras artes visuales que en estos principios del siglo XXI estamos disfrutando en Puerto Rico.

Como presidenta de la Asociación Internacional de Críticos de Arte, capítulo de Puerto Rico, mi compromiso es convertir esta organización en agente de cambio en nuestra sociedad. Para lograr dicho objetivo estamos participando en actividades educativas de índole diversa. Hoy, al presentar *Crónicas en un tiempo de arte* de Efraín Pérez-Chanis, sentimos que hemos dado buen comienzo a la misión que nos hemos impuesto. Agradecemos y felicitamos a la Editorial del Instituto de Cultura Puertorriqueña por la visión que ha tenido al publicar este libro.

Adlín Ríos Rigau

Preámbulo a las Crónicas

A mediados de 1961 decidimos crear para Puerto Rico una revista didáctica que informara a los miembros de nuestra sociedad lo que era en ese momento la arquitectura hecha por nuestros profesionales.

En esa época no teníamos escuelas de arquitectura y se desconocía en nuestro medio insular, a nivel popular naturalmente, qué era un arquitecto y cuál era su función social y cultural. Toda la obra arquitectónica, urbanística y socio-espacial que se hacía entonces se atribuía a los ingenieros debido a que en nuestro medio existía una escuela de ingeniería que había preparado miles de ingenieros y los pocos arquitectos existentes no recibían ninguna distinción, y los numerosos ingenieros que hacían "arquitectura" nunca habían estudiado esta disciplina.

En esa época un grupo de arquitectos *bona fide* tratábamos, con grandes dificultades, de crear nuestro propio Colegio Profesional de Arquitectos y de fundar nuestra primera escuela de arquitectura en nuestra universidad nacional. Atrapados por el tiempo y el destino, creamos la revista *Urbe* aspirando a llevar el mensaje de lo que es y debe ser la arquitectura en nuestra sociedad y geografía. Así apareció el primer número en marzo de 1962.

Para nosotros, el arquitecto debe ser ante todo humanista. Además de su preocupación tecnológica, social, económica y artística, debe existir en el propósito de este creador y humanizador un afán integrador, sobre todo en el campo de las artes plásticas, como ha sucedido en la maravillosa historia de la arquitectura universal.

Con este pensamiento y propósito de integración de las artes con la arquitectura iniciamos nuestra aventura editorial tratando de presentar a nuestro pueblo, y luego al mundo, las personalidades creadoras de nuestra arquitectura y nuestras artes plásticas en ese coyuntural momento que fue la década de los sesenta.

En la historia de esta sencilla publicación, *Urbe*, presentamos la excelencia profesional, artística y ética de los principales artistas plásticos y arquitectos de nuestra comunidad por medio de entrevistas personales, secuencias cronológicas de creación en el momento histórico y, naturalmente, nuestra crítica positiva de la obra de estos creadores. Al presentarlos habíamos determinado previamente sus dotes de excelencia y gran calidad en nuestro ámbito cultural.

Este fue el motivo por el que decidimos llamar a esta selección cronológica de algunos de los artículos, *Crónicas en un tiempo de arte*. Los sesenta fueron indiscutiblemente un tiempo de arte. Este periodo de gran actividad creativa, edilicia, intelectual y artística fue para Puerto Rico un acontecimiento regenerador y "proyector" de su futuro.

Los artistas que motivaron estos artículos de crónica y crítica son todos los precursores y pioneros del gran arte plástico que se hace en nuestra insularidad. Muchos de estos escritos fueron las primeras entrevistas-críticas hechas a ellos, por lo cual además de lo histórico pesa un poco de nostalgia.

Por nuestro constante deseo de integración de las artes plásticas con la arquitectura logramos, usando nuestra posición de arquitecto del Centro Médico de Puerto Rico

–la más importante obra social del país entonces–, la resurrección de una ordenanza administrativa (F5-62) de la gobernación en la cual se ordena a los jefes de agencias del Gobierno a separar un porcentaje del valor de la obra pública para "decoración y embellecimiento" en consulta con el Instituto de Cultura Puertorriqueña.

Con este instrumento conseguimos incorporar al nuevo Centro Médico en construcción, los mayores murales abstractos hechos en ese tiempo en el Caribe, obra de Luis Hernández Cruz. Igualmente se lograron murales de Myrna Báez y Julio Rosado del Valle. El imponente mural de Rosado del Valle para la cafetería nueva del Centro Médico desapareció destruido por la ignorancia crasa de una administración posterior del Centro Médico que ordenó la destrucción de este legado cultural para que un negocio de comidas rápidas usara el espacio.

Más tarde, en los años setenta, el artista Lorenzo Homar realizó para la Escuela Elemental El Monte (Escuela Parés para niños minusválidos en Hato Rey) un mural hecho en cerámica de 21 pies de largo por 7 pies de alto. En éste participó como ceramista Jesse Cohn con un mural titulado *La tierra, el espacio y el sol.*

El epílogo de esta publicación es un editorial publicado en la revista *Urbe* en agosto de 1971. Creemos en la integración de las artes con la otra arte que es la arquitectura. Por eso, siempre tratamos de dar mentalidad holística, humanística e integradora a nuestra revista que se honró con la presencia didáctica y culturizante de este grupo de pioneros del arte de Puerto Rico con el único propósito de lograr juntos una arquitectura más humana, real y sensible.

Arq. Efraín E. Pérez-Chanis

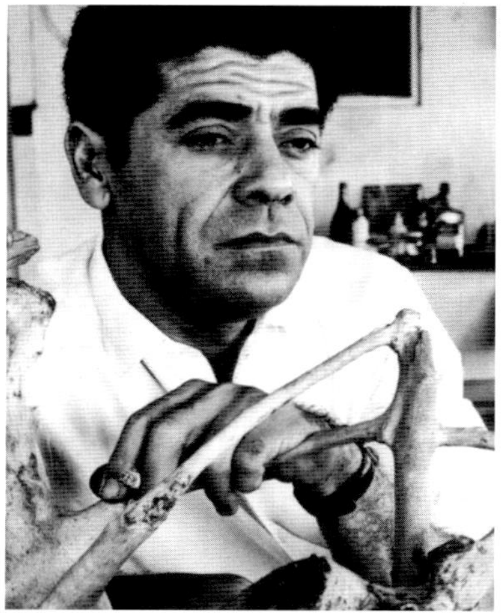

Julio Rosado del Valle

(Cataño, 1922) Pintor y dibujante.
En 1945 estudió con Cristóbal Ruiz en la Universidad de Puerto Rico; en 1946, estudió con Mario Carreño en la New School of Social Research de Nueva York y de 1947 a 1948, en la Academia de Bellas Artes de Florencia. De 1949 a 1952 fue artista de la División de Educación de la Comunidad (DIVEDCO). En 1950 cofunda el Centro de Arte Puertorriqueño (CAP) y de 1954 a 1982 fue artista residente de la Universidad de Puerto Rico. Una selección de sus exhibiciones individuales incluyen: Instituto de Cultura Puertorriqueña (1963), Museo de Arte de Ponce (1982), Museo de Arte Contemporáneo de Puerto Rico (1988), Galería Luigi Marrozzini, P.R. (1993).

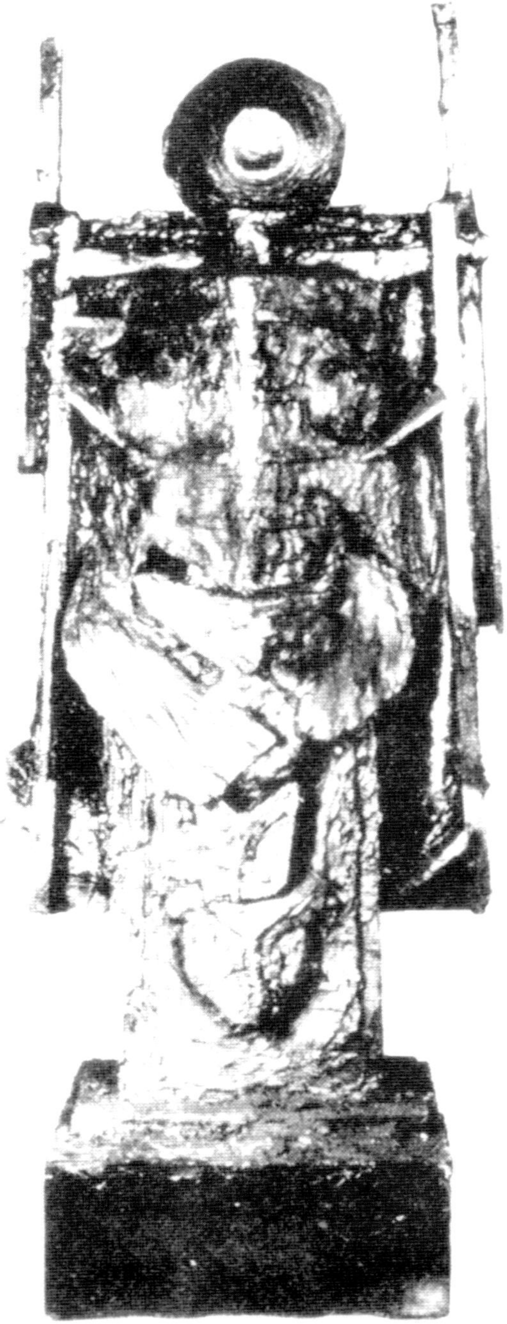

Ángel

Julio Rosado del Valle: pintor y escultor

De tiempo en tiempo, la naturaleza levanta almas que están despegadas de la vida. No con ese intencional, lógico, sistemático despego –resultado de la reflexión y la filosofía– sino más bien con ese despego natural, innato en la estructura del sentido o de la inconsciencia, que a la vez se revela a sí misma de manera virginal, en cómo hablar, ver, oír o pensar.

Henry Bergson

Cuando se discute con Rosado del Valle su producción artística y sus ideas, se entera el interlocutor interesado de la gran estatura intelectual y de la creatividad del artista.

Admiramos la obra del artista desde la primera vez que vimos una de sus telas en 1945, fecha en que nos iniciamos cuidadosamente en la admiración de su progresiva e incansable producción. Tenemos el privilegio de conocer a la gran persona que es este gran artista y la suerte y experiencia estética que significa visitar su estudio y oír del autor sus relaciones sobre su última producción.

No sabíamos de sus inquietudes como escultor, labor que Rosado del Valle llama reacción a un pedido interior por ver sus visiones oníricas plasmadas en tres dimensiones permanentes.

La verticalidad de sus figuras, y la profundidad que manifiestan la textura y los espacios que involucran sus áreas llenas y vacías denotan una tremenda preocupación y la incansable búsqueda de algo increíble, que gravita en el fondo de su inquieto espíritu.

Nos ha impresionado una figura que llamamos "Ángel"; tan subyugante, tan teatral que posee, al unísono, el mensaje del bien y del mal. Tiene tanto vigor como para insinuar liberación, y tanto misterio y carácter como para mostrar recelo y angustia... Esta escultura, como cualquier otra, muestra el asombroso poder psicológico de la plástica general de Rosado del Valle, tan vigorosa y tan de nuestro tiempo.

Característica obvia de su pintura es esa interminable gama de grises que varían de tema a tema, y la calidad y transparencia de cada uno cambia con el sujeto contemplado o imaginado en su consistencia de modelo. Nos ha dicho el artista que los elementos que incitan su labor creadora son: reflejos, bruma, vibraciones de objetos en reposo o en movimiento, colores generados por la textura de objetos o cuerpos vegetales y los efectos de la luz solar en la naturaleza o en la infinita calidad de las nubes. Contemplando sus lienzos, dibujos y *gouaches*, comprendemos la verdad de su motivación artística.

Hay en toda su obra temas del paisaje y de las cosas simples de Puerto Rico: los colores y textura de la cáscara y pulpa de la guanábana, mostrados con fuerza en un gran lienzo... Hemos admirado el movimiento y calidad de luz de "Ropa tendida al sol"; la maravillosa transparencia del sol en atardecer avanzado y en mezcla con las nubes de una tarde de lluvia entre la lujuriosa topografía de las colinas de "Jájome" (centro de la isla); en fin, mariposas, objetos, espacios, símbolos y caprichos, unos mostrados con grises y toques vigorosos de color –vermillones, rojos, azules, ocres– otros con meras líneas decididas, definitivas y honestas.

El acto imperioso de crear se manifiesta en él –según nos lo expresara personalmente– nervioso, inquieto, con un deseo irrefrenable de escapar de todo, de caminar sin fin; con una angustia que sólo se calma cuando liberado se entrega con su espátula, sus pinceles, su lápiz o su pluma a la misteriosa labor de la creación en el infinito campo del papel o de las telas. Estas crisis de creación sólo se manifiestan en la noche, en la penumbra y por lo general, en las madrugadas; factor que hace tan vigentes, tan pasmosamente ciertos sus deslumbrantes grises.

Julio Rosado del Valle, nació en Cataño en el lado oeste del puerto de San Juan. Recuerda que de niño subía al techo de su casa y pasaba horas contemplando el estupendo cuadro de todos los techos de su pueblo en conjunto: unos rojos, otros ocres, otros verdes, negros y grises.

Los primeros colores los "hizo" en el taller del Sr. Facundo Figueroa, quien era rotulista y copiaba estampas al óleo. Cuando cursaba el quinto grado de su escuela primaria recibió su primera crítica artística y por decirlo así, su primera incomprensión. Pintó un paisaje con una vaca, que tanto la maestra como sus compañeros decían satíricamente parecía un caballo.

Los años de 1935 a 1936 marcan su partida hacia la pintura seria. Debido al problema económico tuvo muchas veces que preparar sus propios colores. Con líquido blanco de limpiar calzado y aceite de cocina, preparaba sus blancos; los negros, con betún. Preparaba sus pinceles con las brochas viejas de afeitarse de su padre. Su primera exposición se efectuó en 1944 en la Escuela Superior de Bayamón, con una colección de paisajes y autorretratos. En 1945 fue invitado y expuso en el Ateneo Puertorriqueño. En este mismo año, estudia dibujo por seis meses con el pintor Cristóbal Ruiz.

En 1946 y 1947, haciendo uso de una beca de la Universidad de Puerto Rico, se traslada a Nueva York y hace sus estudios más importantes en la New School for Social Research. Bajo la tutela del gran pintor cubano Mario Carreño y del célebre muralista ecuatoriano Camilo Egas efectúa su importante labor de escuela. Esta colorida época del Greenwich Village ha dejado profundas huellas en la calidad del artista ya que fueron esos años los que iniciaron el movimiento abstracto e impresionista en New York. Luego, de 1947 a 1948, se traslada a la vieja e inmortal Europa. En la Escuela de Bellas Artes de Florencia saborea a los maestros de ayer y de hoy. Más tarde, en su corta estadía en París, en el corazón de la Rue Cujas en la Rive Gauche asimila y comprende la labor del movimiento plástico de la ciudad luz en manos de los artistas "Témoins de leur temps". (Lhote, Bezombes, Brayer, Brianchon, Buffet, Clavé, Desnoyer, Dufy, etc.)

A su vuelta a Puerto Rico, colabora con la División de Educación de la Comunidad y actualmente es consultor del Consejo Superior de Enseñanza, lugar en donde expone, entre otros trabajos, un gran mural en rojo.

Ha expuesto profusamente en Puerto Rico; en el exterior lo ha hecho entre otros lugares en la Riverside Drive de Washington, en el Riverside Drive Museum of New York, en el Architectural League of New York, en la exposición del Caribe de Houston, Texas, en la Bienal de México para 1960, etc.

Sus obras han sido adquiridas por grandes personalidades, entre las que se incluye al Gobernador de Puerto Rico, Don Luis Muñoz Marín y su esposa; a la Sra. Muna Lee; a los señores Muñoz Lee; al Dr. Tomás Blanco; al Dr. Fernando Monserrate; a Samuel

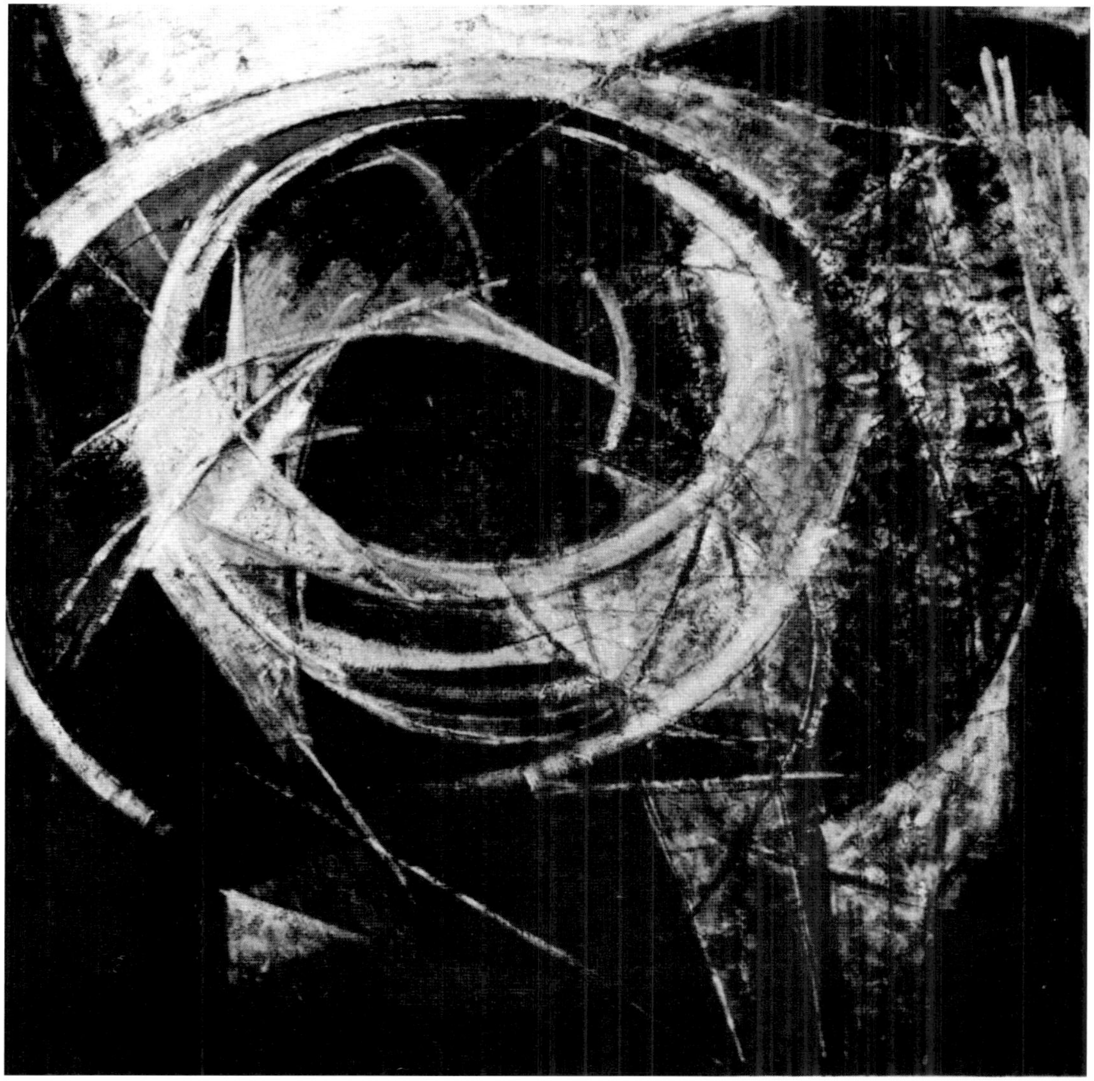

Espacio en blanco (detalle).

Horowitz; Gardner Cowles; a nombres prestigiosos en el arte de los Estados Unidos tales como: Tishman, Whatmore, Bowmann, Moskin, José Ferrer y Marlene Dietrich.

Para este artista, la obra de Braque es indispensable como faro maestro y patrón prestigioso y considera además a Pollock, un gran valor contemporáneo.

Para nosotros, Julio Rosado del Valle representa uno de los más significativos valores en la pintura del continente americano; estamos seguros de su importancia como eje de cambio en el arte de Puerto Rico ya que sin duda es uno de los artistas contemporáneos nativos más conscientes de su tiempo y del carácter humano y psicológico de nuestro angustioso hoy.

Como la intelectual pintura de Rosado del Valle aún no es pintura para la gran masa, queremos aquí hacer una acotación que respalda el valor del principio envuelto en su arte; respaldo hecho no por un contemporáneo nuestro sino por Platón, el de la Grecia Clásica, quien en su obra *Philebus*, hace una anticipación a la teoría de la abstracción cuando en boca de Sócrates y Filebo ejecuta el siguiente diálogo:

"S. : Placeres verdaderos son aquellos que surgen de los colores que llamamos bellos y de las formas y, aún más, de los placeres del olfato y los sonidos. Verdaderos placeres surgen de todas esas cosas, con el deseo de lo no sentido como lo es el dolor, en vez de la satisfacción de la cual es agradablemente consciente e incondicionada por el dolor.

F. : Pero nuevamente, Sócrates, ¿qué debemos entender por eso?

S. : Ciertamente lo que yo quiero decir no es muy claro, pero debo tratar de aclararlo. Yo no entiendo por belleza de las formas, lo que la mayoría de la gente espera: tales como criaturas vivientes o figuras. En lugar de ello y para el propósito de mi argumento, quiero decir líneas rectas y curvas y la superficie de formas sólidas producidas fuera de ellas por el torneo, alineamiento y encuadre; si Ud. me entiende. Quiero decir que estas cosas no son bellas relativamente como otras cosas, pero siempre, natural y absolutamente, tienen sus propios placeres y de ninguna manera dependen de la comezón del deseo. Y, también quiero decir colores de la misma clase, con la misma clase de belleza y placeres. ¿Está esto claro o no?

F. : Hago lo que puedo Sócrates, pero haga Ud. lo mejor que pueda para aclararlo.

S. : Bueno, quiero decir que esos sonidos, como son puros y suaves y rinden un puro y sencillo tono, no son bellos, relativamente con nada más, pero sí, en su propia naturaleza, y producen sus propios placeres."

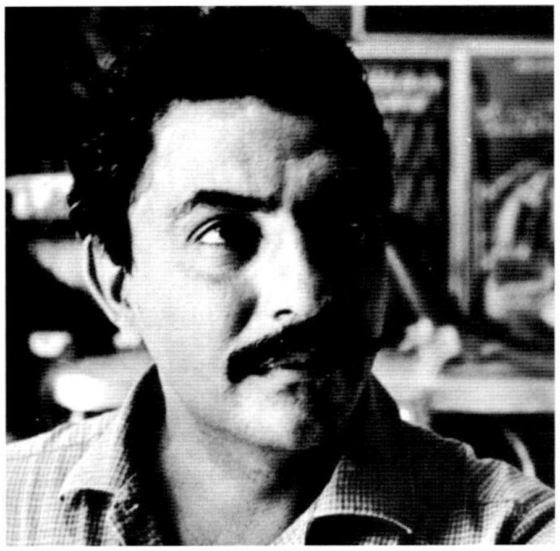

Rafael Tufiño

(Nueva York, 1922) Pintor, grabador y cartelista. De 1940 a 1941 estudió con Alejandro Sánchez Felipe; en 1943, en el Taller de Juan Rosado y de 1947 a 1950, en la Academia de San Carlos de México. Fue cofundador del Centro de Arte Puertorriqueño (CAP) en 1950. De 1950 a 1963 se desempeñó como artista gráfico de la División de Educación de la Comunidad (DIVEDCO). Exhibiciones individuales: Casino de Puerto Rico (1941), Ateneo Puertorriqueño (1942), Galería Pintadera, (1956), Instituto de Cultura Puertorriqueña (1959 y 1974), Galería Colibrí, (1963), Galería Calibán, P.R. (1985), Casa del Libro, (1991) y la retrospectiva de su obra en el Museo de Arte de Puerto Rico (2001).

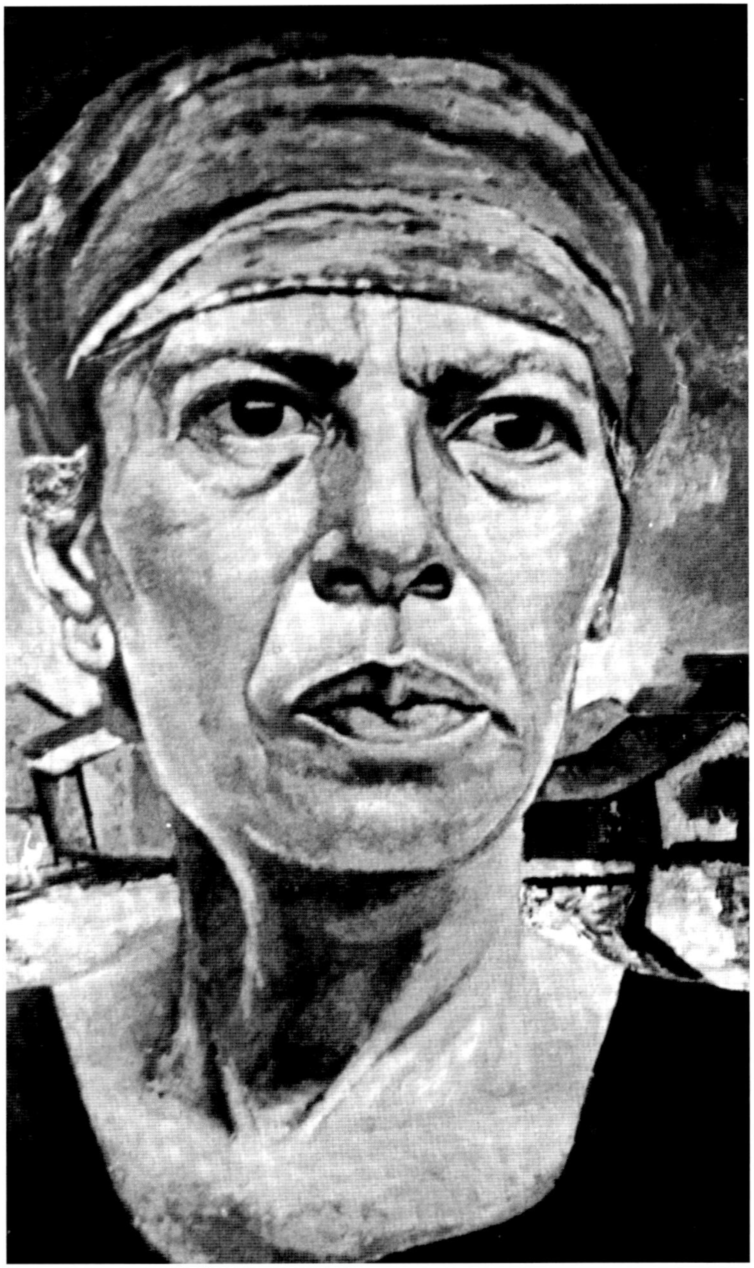

Goyita

Tufiño

El arte espectacular de Rafael Tufiño, saturado de la vida, forma, color y ambiente del pueblo puertorriqueño, coloca a su autor entre los más auténticos valores de la plástica insular. La poética y vigorosa forma con que analiza y toca los problemas sociales, el costumbrismo y el paisaje del hombre común y del ciudadano simple, lo hacen más que a ningún otro pintor nativo, plasmador singular de las ansias, risas y lágrimas de su pueblo.

Al tratar la persona del artista, se descubre inmediatamente al hombre sencillo y honesto pero enérgico y consciente de su valor. La contemplación analítica de la obra que de él conocíamos; el estudio de la estupenda exposición retrospectiva que verificara la Galería Campeche en abril de 1962 y la visita que hiciéramos a su hogar en la calle San Sebastián del Viejo San Juan, inigualable escenario para el taller y obra del pintor, nos abrieron nuevas perspectivas y mostraron valores adicionales e insospechados del trabajo de Tufiño.

Los cortes definitivos y precisos de sus grabados y las pinceladas sueltas y conscientes de su valor son factores que acusan el equilibrio estético y emocional del artista.

Nos entusiasma el luminoso tratamiento que hace este pintor de los verdes y azules al amarrarlos con transparencias a los ocres, a los rojos y a singulares amarillos. Bello ejemplo de ello es el tratamiento escenográfico que hace el pintor del interior de la vieja casona donde funciona el "Bar La Botella" o el espléndido lienzo "El baile de bomba", lleno del movimiento rítmico y del alegre dolor de los atábicos negros antillanos. El "Desnudo azul" y "San Sebastián 265" poseen también ese difícil embrujo.

El contenido social en sus grabados y óleos, es siempre patente. En el inmenso mural que se exhibe en la División de Educación de la Comunidad, se presentan las tragedias y sangre del arrabal, la desgracia del huracán, el incendio de la casa de los pobres, la prostitución, los marineros, los borrachos y otras taras sociales; todo ello con un espíritu críticamente analítico y con el dedo acusador del que conoce el mal y desea su erradicación.

El cuadro "Vita Cola" presenta la tristeza de los niños del arrabal y su obra "Goyita" –que nosotros queremos llamar: "Doña Goyita" (Retrato de la Madre del Artista)– presenta un rostro de mujer del pueblo, con gesto y mirada que involucran sufrimiento, anhelo y angustia . . . Como retrato psicológico, creemos que éste es el mejor del artista. Su labor como pintor se destaca en las telas: "La hamaca" y sobre todo en su magistral: "Esperanza". La línea de composición oblicua del cuerpo en reposo, la convergencia de las manos al punto obscuro focal de la cabeza y el tratamiento del piso en rojos y ocres de alta textura y dinamismo, hacen de ese lienzo una de sus mejores creaciones.

Rafael Tufiño, para nosotros, es más vigoroso en el difícil arte del grabado. Una sencilla mirada a sus numerosos carteles y afiches muestra su talento de colorista y maestría de la forma y el trazo. En esta disciplina ha colaborado profusamente con el Instituto de Cultura Puertorriqueña y con la División de Educación de la Comunidad.

Sus grabados para obras literarias, para ilustrar películas para la División de Educación de la Comunidad y para otros motivos intelectuales, lo muestran como uno de los más sobresalientes grabadores de nuestras Américas. Sólo la colección con el tema de "Las Plenas" —baile folklórico de Puerto Rico— o la ilustración rítmica y alegórica de su "Majestad Negra" de los poemas de Palés Matos, bastarían para consagrarlo definitivamente; mas, la inmensa fuerza de sus grabados de temática social en los cuales muestra con realismo anímico a su pueblo y esa versatilidad del retratista del espíritu que trasciende al gesto de la carne, agigantan su calidad de artista. Los grabados para la película "El Puente", de la División de Educación de la Comunidad, son para nosotros parte de la más valiosa aportación de Puerto Rico al arte del grabado mundial. Tal obra

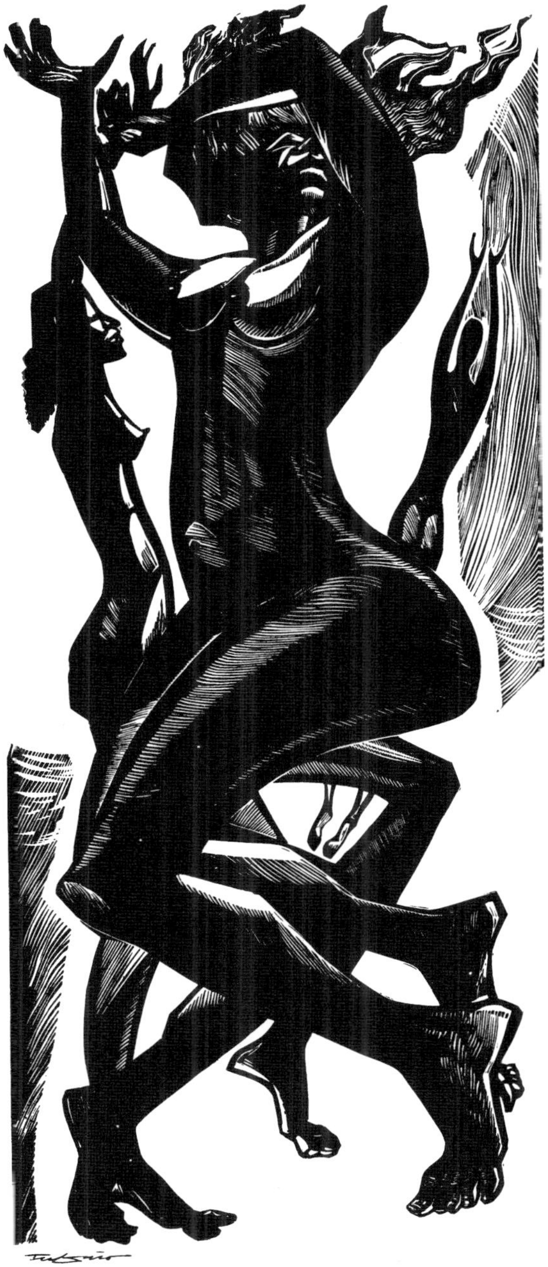

Danza negra

verifica en Rafael Tufiño la personificación del artista maduro, sensible y preocupado del dolor de su prójimo, acto que lo consagra como un auténtico valor internacional.

El muy puertorriqueño Rafael Tufiño vivió de niño en los barrios hispanos de Nueva York. Volvió a su isla muy pequeño, durante la terrible época de la depresión económica. Niño muy sensible, palpó las necesidades y la vida angustiosa de los pobres de esa era de carestías generales. Tales experiencias se grabaron en su psiquis de niño y hoy dan vigor y carácter a la maravillosa obra del artista.

Su maestra elemental, Srta. Rangel, descubrió su talento y le recomendó el cultivo del dibujo desde su tierna infancia. Luego, observando a otros dibujar e imitando a los más talentosos, prosperó. Más tarde, en el taller del arte comercial y el rótulo del maestro Juan A. Rosado, copió retratos, preparó carros alegóricos para carnavales, construyó caballos y cabezas con papel engomado y formó parte con tres compañeros del grupo "El Atelier" (1940-41) compuesto por cultores de la pintura y la música del "Estilo de la bohemia de París". En esa época estudió dibujo con el prestigioso maestro español Sánchez Felipe. Poco después fue llamado por el ejército para hacer su servicio militar.

Vivió un año en Nueva York y como rotulista ganó su vida en la gran urbe cumpliendo así el deseo de ver museos y la obra de los grandes. Siempre se sintió muy hispanoamericano y deseaba estudiar en México, anhelo que se cumple económicamente, cuando, por sus derechos de veteranía, el ejército de los Estados Unidos de Norte América paga sus gastos de estudios.

En México contempló la obra de Orozco quien lo impresionó inmediatamente. Estudió en la Escuela de Artes Plásticas de San Carlos, lugar donde tomaba cursos de grabado y otras materias aliadas. Allí admira a Diego Rivera, reconoce gran valor a Goytia y a Alfaro Siqueiros y cree que el arte de Leopoldo Méndez y de Alfredo Salce es digno de mayor prestigio.

Para Tufiño, una Escuela específica de pintura no significa nada. Cree en la vigencia de varias tendencias pictóricas con sus cambios propios, *El mundo sería muy aburrido si todo fuera igual ... Gutiérrez Solano, Picasso, Braque, Ben Shan y otros, tienen lugar e importancia en nuestro mundo ...*

Pero para nosotros, la obra de los grabadores de México y la de José Guadalupe Posada hicieron una profunda labor estética en el alma de nuestro artista.

A su vuelta de México volvió al taller del maestro Rosado y con el artista Antonio Maldonado se encargó de su dirección artística y comercial. En 1956 ingresó al taller de Artes Gráficas de la División de Educación de la Comunidad del Departamento de Instrucción Pública de Puerto Rico, taller que hoy (1962) dirige exitosamente para bien del arte pictórico de Puerto Rico.

Ha sido Tufiño un incansable productor de arte. Sus obras están diseminadas en los Estados Unidos, en nuestra América hispánica y se pueden contemplar en las colecciones del Instituto de Cultura Puertorriqueña, en la del Sr. Luis Ferré, el Sr. Gabriel Calbeto, el Sr. Marché V. Goddard, el Sr. Luis Muñoz Lee, el Sr. Amílcar Tirado, el Sr. Marcos Ramírez, el Sr. Abraham Díaz González, Sr. Norman Contreras, en la de la Sra. Bonnie Reissman y en muchas otras colecciones nativas y foráneas al igual que en museos de prestigio indiscutible.

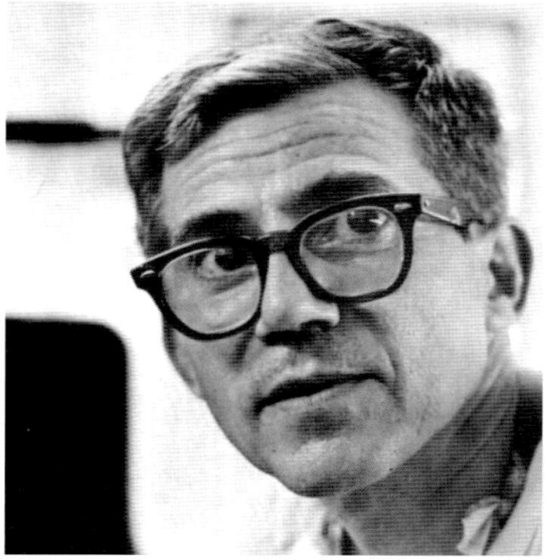

Lorenzo Homar

(San Juan, 1913) Pintor, grabador y cartelista. En 1930 estudió en la Art Students League de Nueva York; en 1939, en Pratt Institute y en 1946, en la Escuela del Museo de Arte de Brooklyn ambas en la ciudad de Nueva York. Fue miembro fundador del Centro de Arte Puertorriqueño (CAP) en 1950. De 1951 al 1956 fue artista y director de la sección de gráfica de la División de Educación de la Comunidad (DIVEDCO). Entre 1957 a 1973 fue director del Taller de Gráfica del Instituto de Cultura Puertorriqueña. Algunas de sus exhibiciones individuales son: Ateneo Puertorriqueño (1960), Instituto de Cultura Puertorriqueña (1970), Museo de Arte de Ponce (1978), Princeton University (1984), Pratt Institute (1991), Galería Palomas (1993) y Museo de Antropología, Historia y Arte de la Universidad de Puerto Rico (2001).

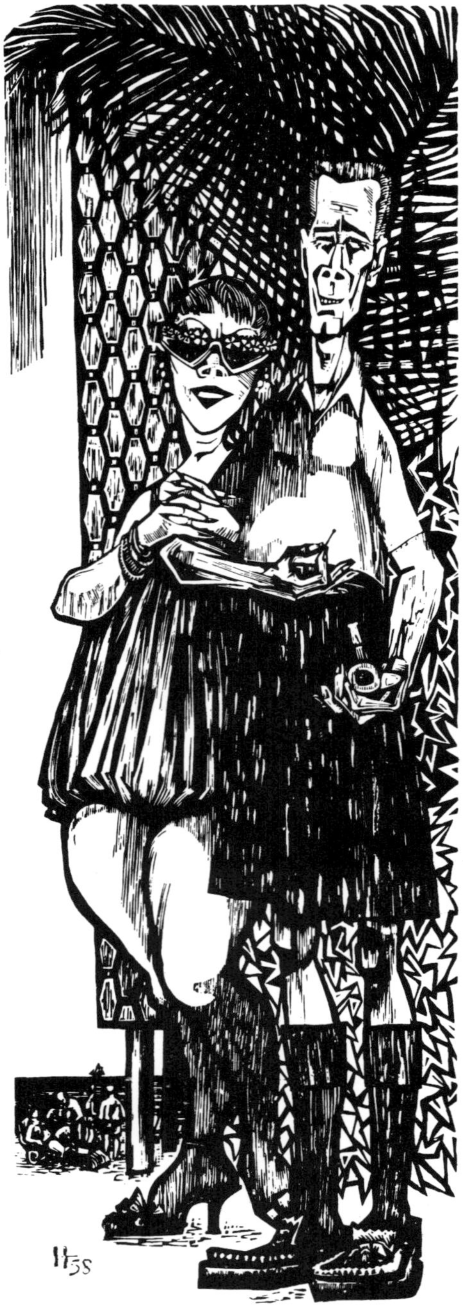

Pareja de turistas

El arte de Lorenzo Homar

Es imposible contemplar la obra de Lorenzo Homar sin tener presente la singular importancia que tiene para el artista todo lo relacionado con el grabado y la imprenta, cosas que para él son culto, amor y afán.

Un raro caso de hombre integral resulta este extraordinario cultor del trazo, del color y la forma. Pocas veces se encuentra a una mentalidad tan versátil, inquieta, preocupada por todas las cosas vivas y ante todo, tan completa. Al comentar con él sobre cualquier tópico, descubrimos al fino observador, al gran lector, al preocupado humanista y al gran artista. Su soltura para discutir temas filosóficos, estéticos, arquitectónicos, técnicos y sociales, amén de su extraordinario conocimiento sobre todas las artes, nos hace sentir ante un personaje salido del Renacimiento; creyente en los reales valores del hombre, en la artesanía y celoso del oficio que practica religiosamente.

A propósito de su exposición de pintura, dibujos, grabados, carteles y diseños en el Instituto de Cultura Puertorriqueña comentó, en 1960, esta sentencia que describe su genial espíritu: "Ganándome la vida como artista-artesano, trato de honrar mi oficio con el máximo de mis esfuerzos sea cual sea el tipo de trabajo envuelto. Un sello, una ilustración o una idea para grabar o pintar. Todo lo que ocurre en nuestros alrededores vale la pena mirarlo. Estos son nuestros tiempos. Vivimos una sociedad donde el comercialismo y la deshumanización corren rampantes, creando una confusión de valores y mediocridad."

Como dibujante y grabador, su arte se ha destacado brillantemente en su Puerto Rico natal y particularmente en el exterior. Sus trabajos han sido presentados en *Who's Who in Graphic Art,* anuario mundial de las artes gráficas publicado en Suiza, lo que le brindó reconocimiento internacional.

No podemos hablar de una técnica precisa en manos del artista. El dibujo a tinta, el *collage*, el *gouache*, el acrilato, la serigrafía, el óleo y el grabado en linóleo y madera, son algunos de sus medios de expresión comunes.

Su obra se ha expuesto profusamente en Puerto Rico, en los Estados Unidos de Norte América y en Europa; ha participado en la Bienal Interamericana de Pintura y Grabado de México en 1958 y obtuvo el segundo puesto de aportación por individuo en la exposición internacional de carteles de Ontario, Canadá, en 1960.

Como grabador se destaca en obras muy bellas, como lo son: "Martín Peña pescador", "1928-1950", "Pareja de turistas", "Los niños de Cangrejos" y sobre todo en "El sapo", tirado en tres planchas de linóleo que es una obra maestra de trascendencia mundial. Sus numerosos carteles repartidos por el mundo son guardados con celo como piezas indiscutibles de coleccionistas y museos.

La obra de Homar como escenógrafo es abundante, llena de gracia y colorido. En este arte, demuestra su conocimiento y amor a la arquitectura. En su escenografía para el ballet

"Juan Bobo" sobresale vigorosamente como colorista, evaluador de la luz y gran plástico. Resulta efectivo en la escenografía para el drama "La Carreta" y para el ballet "Urayoán" donde nuevamente demuestra su valor artístico y su alma de "balletómano" sensible.

Ha colaborado con arquitectos en proyectos culturales y en obras de restauración. Su calidad como ilustrador lo ha mostrado internacionalmente en muchos libros y publicaciones. Buen ejemplo de ello lo es la colección de diseños de fina factura preparados para Seabury Press de los Estados Unidos; se imprimieron millares y se distribuyeron por todo el mundo como vehículo estético de divulgación religiosa.

Su labor como pintor es vigorosa. La pincelada fina sobre temática múltiple tiene esa transparencia que sólo posee la luz mediterránea del Caribe. El ballet, la música, las artes y los problemas sociales son temas favoritos que domina en sus óleos, acrilatos-óleos y temples.

Los óleos "Taller de artes gráficas" y "Susan Homar" son magistrales. En el primero se inmortaliza con tres compañeros de artesanía al lado de la prensa antigua restaurada por él, que es uno de sus instrumentos cotidianos de trabajo. En el segundo óleo "Susan Homar", retrata a su hija en un entreacto de ballet, con todo el amor, ternura y gracia de sus increíbles y transparentes azules.

El "Le Lo Lai" es su obra cumbre. Es difícil describir a estos tres pobres miserables del arrabal, vestidos burdamente de Reyes Magos, cantando aguinaldos monótonos y hambrientos para buscar entre su auditorio navideño chavos conque mitigar la angustia de su miseria y carestía... Resulta este cuadro magnífico en color, trazo, transparencia, composición y... Mensaje.

Nuestro artista nació en Puerta de Tierra, área del Viejo San Juan. Pasada su niñez se fue a New York donde de joven pasó los años de la Depresión. Fue mensajero de una firma de tejidos, actividad que le permitía detenerse a contemplar a Reginald Marsh cuando pintaba al fresco la rotonda del Custom House en el Bowling Green, y a Diego Rivera cuando pintaba su mural en el Radio City, mural desaparecido hoy. Su interés por el dibujo y la pintura lo llevó a tratar con diseñadores de tejidos.

Desde niño le gustaba la acrobacia. Ya joven, formó con dos compañeros un grupo de acróbatas, quienes con éxito triunfaron en el *Coney Island* en actos de vodevil, gimnasia y acrobacia.

Con el fomento de los programas de doble película, los números de vodevil en los teatros estaban destinados a morir. Aquí Homar tuvo que decidir su futuro entre el arte o el circo.

Por medio de un amigo acróbata que trabajaba con los joyeros Cartier, ingresó Lorenzo Homar en esta renombrada firma donde siguió la ruta completa del oficio como grabador, joyero y diseñador. Visitaba el Museo Metropolitano enviado por Cartier para copiar joyas de las pinturas famosas. Diseñó así muchas y costosas joyas a la vez que estudiaba pintura y grabado en la escuela del Museo de Brooklyn bajo maestros de prestigio tales como Tamayo, Arthur Osberg y el grabador húngaro Gabor Peterdi. En el Instituto Pratt estudió por corto tiempo ilustración y la técnica de la letra.

Sirvió como soldado cuatro años en la segunda gran guerra en lugares como Nueva Guinea, Filipinas y Corea. En su tiempo libre pintó murales en los puestos de avanzada. Fue herido en el frente de Leyte y ostenta la medalla del Corazón Púrpura del Ejército de los Estados Unidos.

Después de la guerra trabajó nuevamente con Cartier, expuso en New York varias veces, tuvo la oportunidad de "entrar" en las galerías famosas, pero él no cree en cliché ni en patrones, sólo piensa en la artesanía.

Volvió a Puerto Rico y fue uno de los fundadores del Centro de Arte Puertorriqueño, trabajó para la División de Educación de la Comunidad donde fue en 1952 su director. Más tarde ganó una beca Guggenheim por un año en New York. Hoy dirige –desde 1953– el taller de Artes Gráficas del Instituto de Cultura Puertorriqueña, lugar donde ejecuta prolíficamente su estupendo y bello arte.

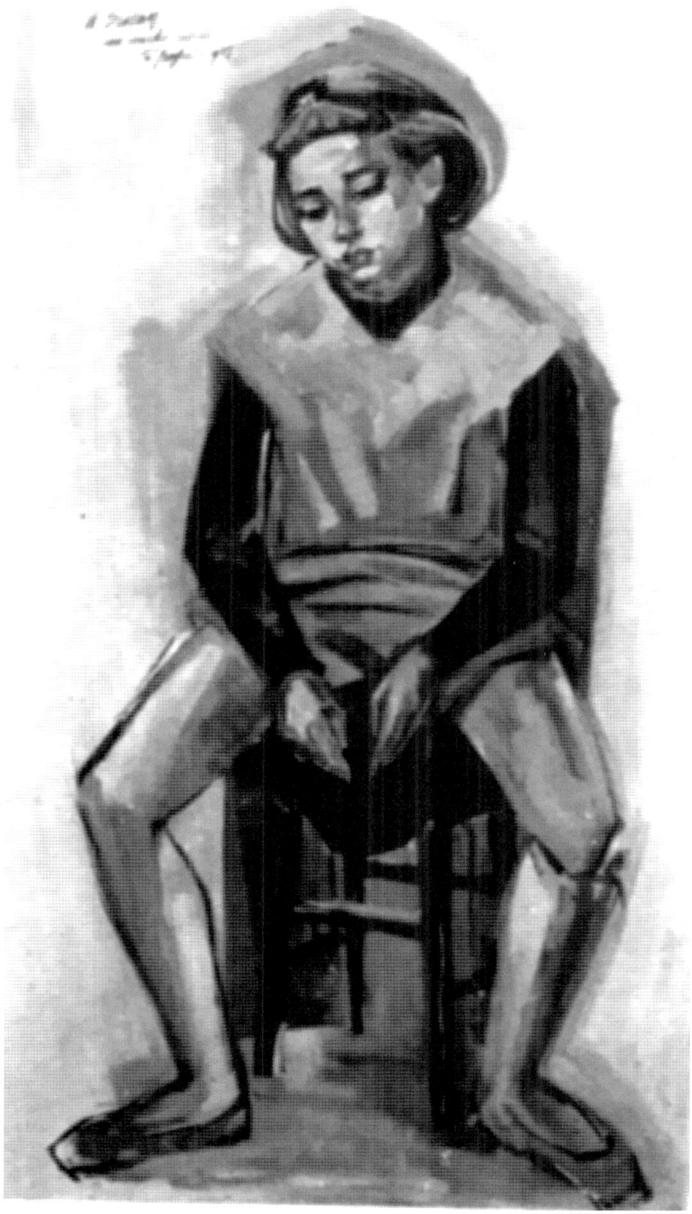

Susan Homar

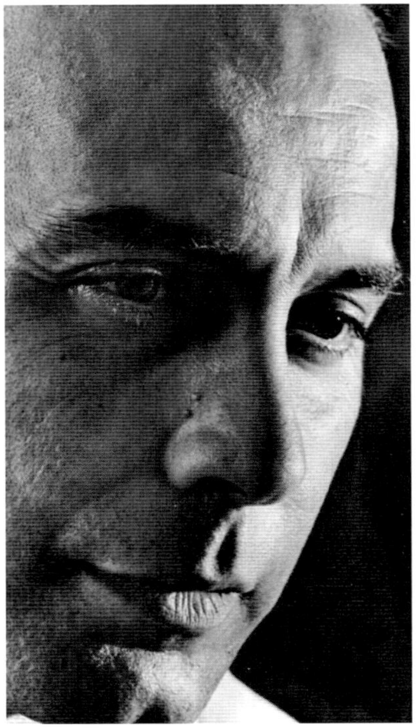

Carlos Marichal

(Islas Canarias, 1923 - San Juan, 1969)
Grabador, pintor, escenógrafo.
Se establece en Puerto Rico en 1949 y fue profesor de la Universidad de Puerto Rico hasta su fallecimiento. En 1957 recibe el Primer premio de arte gráfico del Instituto de Cultura Puertorriqueña. En 1957 y 1968 exhibió en Galería Pintadera. En 1960 y 1972 exhibió en el Museo de la Universidad de Puerto Rico; en 1963, en el Instituto de Cultura Puertorriqueña y en 1970, en el Museo de Bellas Artes del Instituto de Cultura Puertorriqueña.

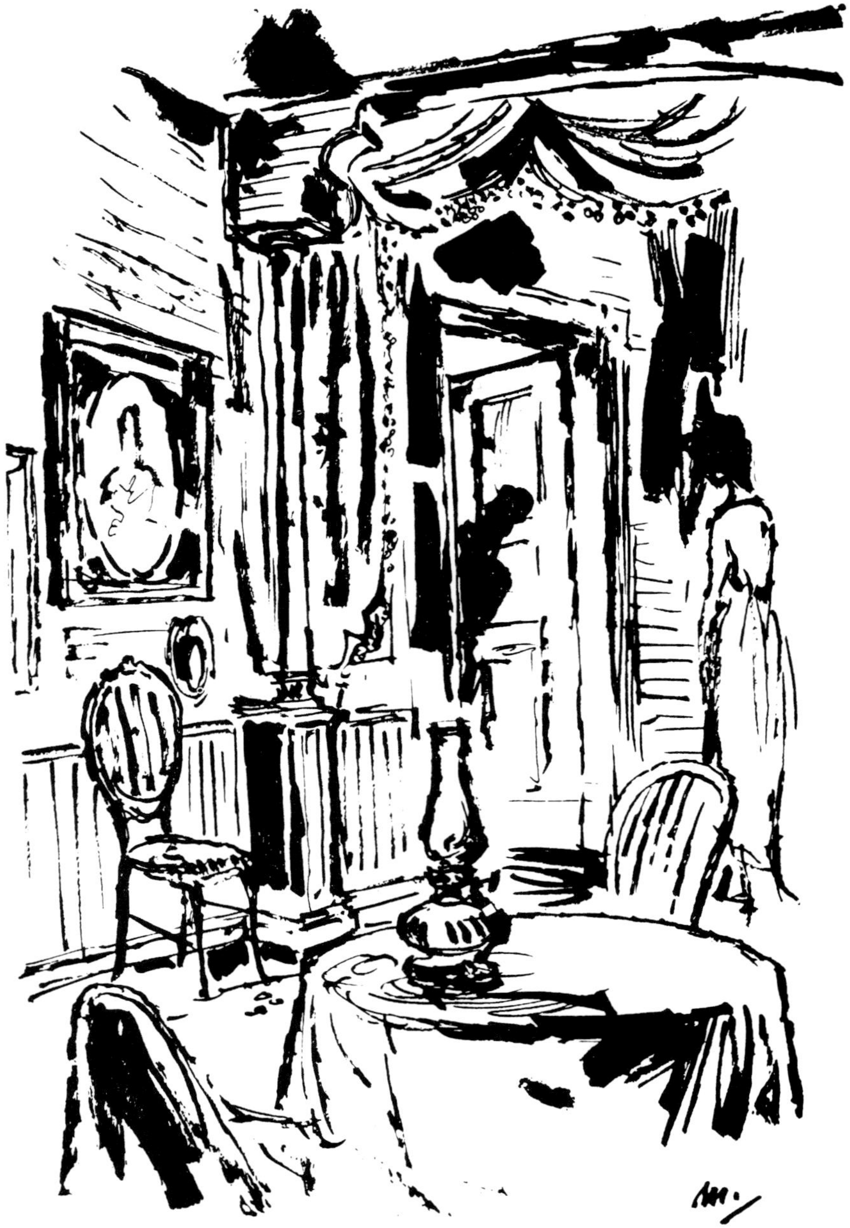

El arte de Carlos Marichal

Dígase en resumen, que la obra de Carlos Marichal, aun en disidencia estilística con otros artistas, cuenta como importantísima contribución al denso medio de arte en que ahora vive Puerto Rico.

Dr. Sebastián González

La recia personalidad del arte de Carlos Marichal contribuye hoy (1962), a la formación humanística de los estudiantes de nuestra Universidad. Como persona y como artista creyente de su ministerio docente, día a día, desde su cátedra y trabajo alienta a contempladores de su obra, a alumnos y a su público en la ruta estética de su maduro Arte.

Cuando se trata personalmente a Marichal se descubre la profundidad de su intelecto, su preparación integral y sobre todo esa versatilidad y cultura del profesional europeo.

Su gran locuacidad y conocimiento de tantas cosas nos recuerdan a personajes del Renacimiento, tan preocupados por todo y tan conocedores de todas las facetas y requiebros de la vida y del arte.

Nuestro artista es español insular nacido en Santa Cruz de Tenerife, Islas Canarias, pero tiene todo el espíritu del antillano nato. Fue combatiente en la guerra civil española, fue habitante de campos de concentración en Francia y trabajó duramente en los desiertos africanos.

Su gran anhelo ha sido ser arquitecto. Estudió esta profesión por tres años en Bélgica sin poder terminarla por los problemas de la guerra. Después estudió diseño en París y el arte de la ilustración en México.

Su labor como artista y como maestro ha sido saboreada en países como México, Cuba, Estados Unidos y Puerto Rico, lugar donde hace años tiene su hogar; sitio desde el cual sirvió al ejército del coloso del norte en Corea, sin paga, según él lo pidiera guiado por sus principios morales; lugar donde triunfa como artista y como maestro y lugar donde fuera galardonado con el primer premio del concurso de Artes Gráficas en 1956, por el Instituto de Cultura Puertorriqueña.

Su prodigioso arte se manifiesta en sus bellos dibujos, en el diseño de libros y sobre todo en la escenografía, tan amarrada a la arquitectura.

Su factura artística tiene una indiscutible personalidad que bien podríamos llamar estilo propio. Su técnica de dibujo es única, la que aplica con maestría en toda la gama de procedimientos tales como el grabado, la aguada, la acuarela, la ilustración, el diseño de libros y la escenografía.

El magistral incremento que ha tenido el teatro en Puerto Rico últimamente ha disfrutado del arte y la experiencia de Marichal con su escenografía contemporánea.

Piezas como "Ana Frank", "Antígona", "El caso del muerto en vida", "Ligazón", "El inciso Hache", "Verano y humo", etc... lo han consagrado como escenógrafo de primer orden.

Marichal fue escenógrafo para la compañía del inmortal Louis Jouvet durante su estadía en México. Luego actuó en la misma capacidad para el Palacio de Bellas Artes mexicano. Recuerda Marichal con justo agrado el éxito de su escenografía para "El sueño de una noche de verano", que funcionó con ocho cambios sucesivos en la escena del bosque encantado en mezcla con 144 actores y dos cuerpos de ballet.

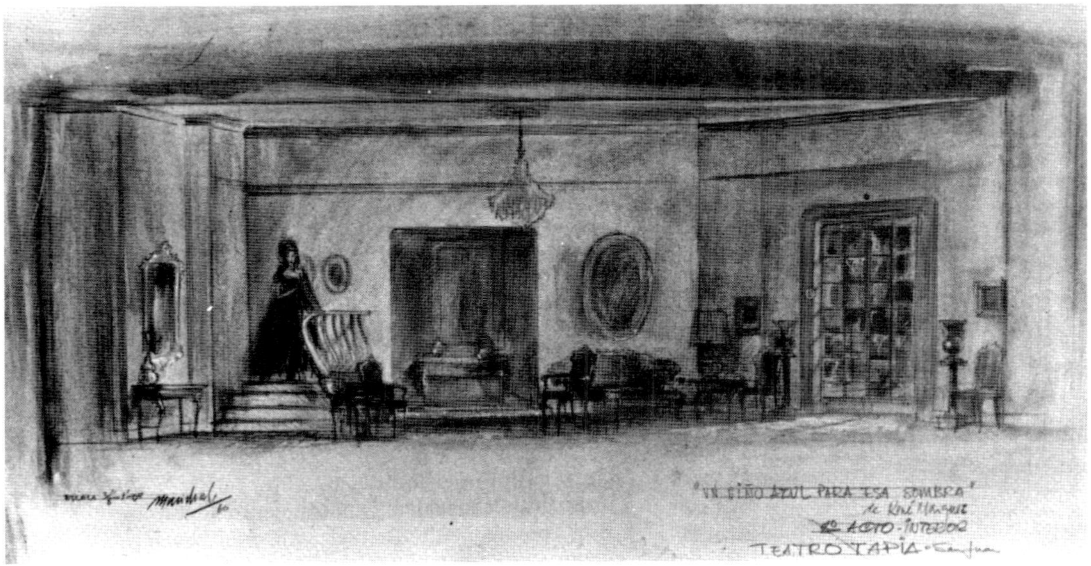

Un niño azul para esa sombra

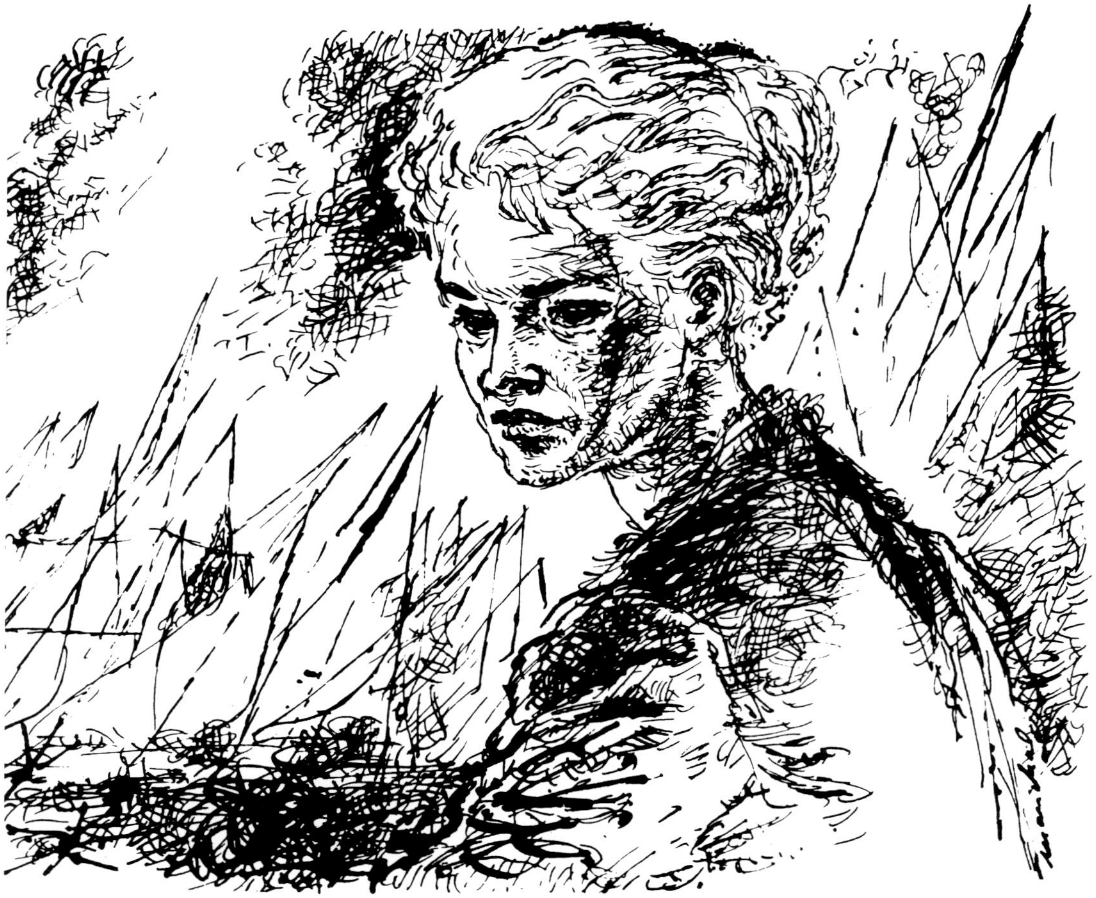

Nuestro artista intelectual piensa que: "El arte debe usar la belleza en el aspecto creador y, aparte de lo universal, debe ser primero nacional". Cree en el cultivo de la personalidad artística y el arte como medio costumbrista: de la textura local a la pintura y luego a la arquitectura. Piensa que hay que ser primero de su ambiente o país y luego del mundo. Ejemplo de ello lo es la Escuela de París que fue primero francesa y luego del mundo. "No se puede negar la propia fuente; el pintor debe tener una justificación", nos dice enfáticamente. Para Marichal el artista ha de seguir la disciplina de su oficio, dominarlo bien y luego dar rienda suelta a la creación. Cree en "el color y la línea, sin que se note la línea, a lo Velázquez".

El arte de Carlos Marichal, personal y maduro, habrá de redundar en beneficios múltiples para la cultura de Puerto Rico ahora más que nunca en un prodigioso estado de efervescencia positiva.

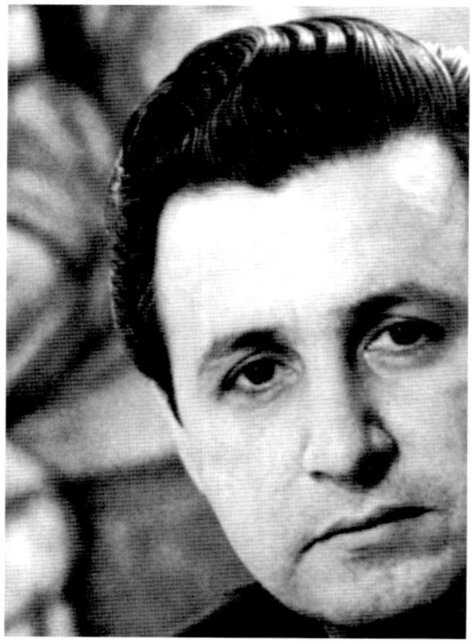

Augusto Marín

(Santurce, 1921) Pintor y grabador. Estudió en la Liga de Estudiantes de Arte de Nueva York de 1949 a 1952; hasta el 1953 en Otis Art Institute de Los Angeles. Estudió vitralismo con Arnaldo Maas entre 1961 y 1964. Fue profesor en la Escuela de Artes Plásticas desde 1966 hasta 1980. Entre sus exhibiciones individuales se encuentran las del Instituto de Cultura Puertorriqueña en 1961, 1965 y 1973. Exhibió en el Museo de la Universidad de Puerto Rico en 1970, el Puerto Rican Art Gallery en 1972, en el Centro de Bellas Artes en 1987, en Galería Tutto en 1991 y su retrospectiva de cuatro décadas en el Museo de las Américas en 1995.

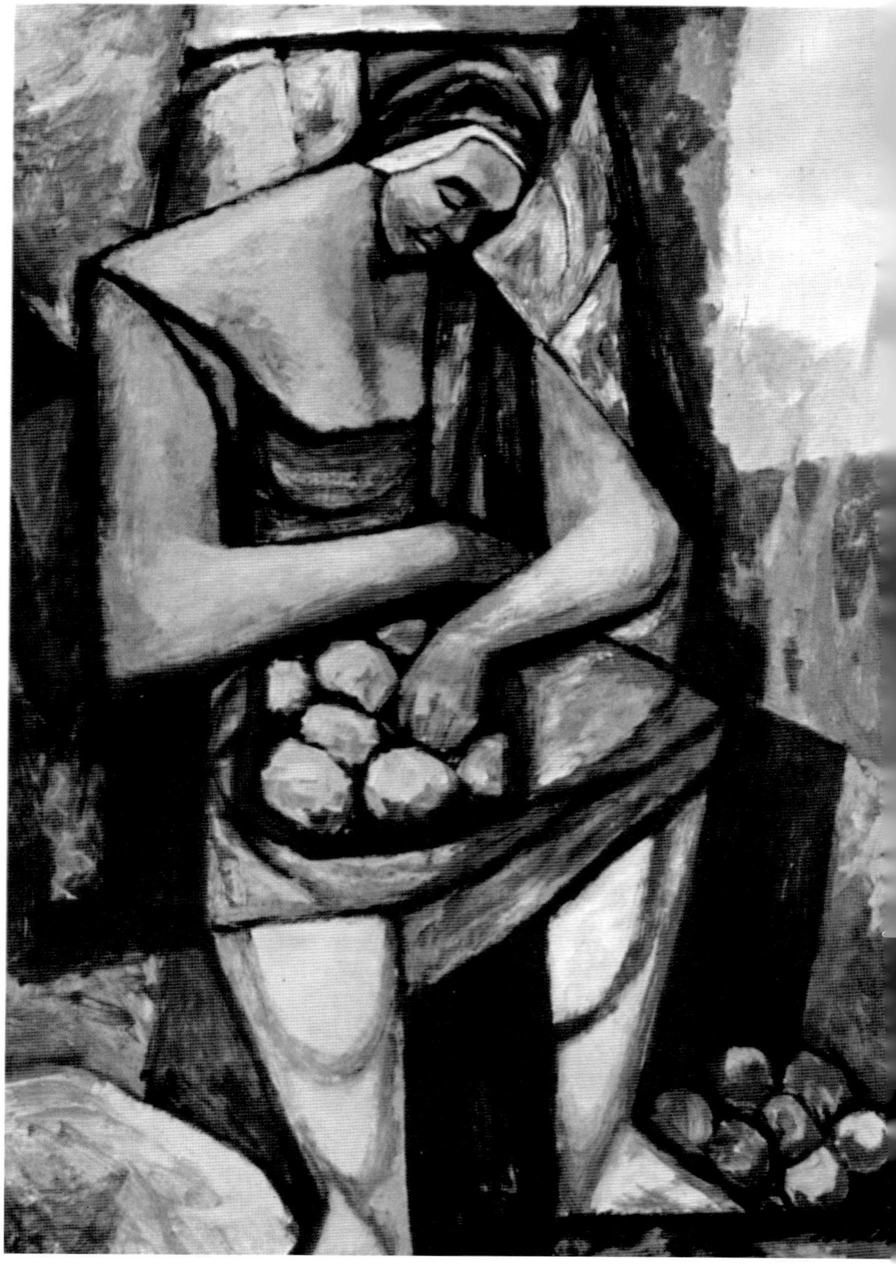

Fruta escogida

Augusto Marín: pintor del carácter y el vigor

Entre los pintores insulares cultores de personalidad auténtica podemos localizar a Augusto Marín. Ese raro don de ser original, de poner en la obra y en la creación la característica propia y el sello personal, lo encontramos claramente visible en toda la cada vez más importante y abundante obra de este artista.

Marín es pintor y ahora vitralista pero ante todo, es grabador y mejor dibujante. Su formación se origina en su niñez. Nacido en el romántico Viejo San Juan de Puerto Rico, se aficiona desde niño a pintar con tizas de colores sobre el asfalto de las calles. Grandes caballos crean la temática de los dibujos callejeros. La agilidad, el vigor y la belleza del noble equino han permanecido siempre latentes en su obra. Hay algo de trasunto psicológico en la plástica del artista que obliga la presencia y elegancia del caballo.

Al cumplir los 13 años, después de ser el artista de su escuela elemental, obtuvo una beca para estudiar dibujo por año y medio con el maestro de muchos artistas puertorriqueños, el gran español Sánchez Felipe.

Pocos años más tarde fue llamado a servir en el Ejército de los Estados Unidos de Norte América. Esta experiencia lo pone en contacto con el mundo. Luego, sirvió en la prestigiosa casa Publicidad Badillo en carácter de director artístico entre los años de 1946 al 48, fecha en la cual viaja a los Estados Unidos para efectuar los seis años más importantes de su preparación académica.

Allí dedica cinco años al Art Students League de Nueva York, lugar que lo pone en contacto con maestros tales como Reginald Marsk, Ivan Olinsky, Jon Corbino, Julián Levi y Harry Sternberg y donde fue director artístico de la revista latina *Temas*. El año restante lo dedica en California al Los Angeles County Art Institute del cual recuerda con afecto al maestro Jack Otterson.

Terminada su estadía en el norte volvió a Puerto Rico a su antigua plaza de director artístico de Publicidad Badillo. Desde 1958 ha dedicado la mayor parte de su tiempo al cultivo de la pintura, el dibujo, el grabado y finalmente, a los vitrales con el maestro holandés Arnaldo Mass. Algún tiempo, desde luego, lo dedica al arte comercial por vías de Publicidad Badillo.

La obra de Augusto Marín ha sido expuesta con gran éxito en Nueva York y en Los Angeles; en México se expuso en la Bienal de Arte de 1958. En el anuario suizo *Who's Who in Graphic Art*, publicado en Zurich a un valor de 36 dólares, aparece nuestro artista junto a Lorenzo Homar como únicos puertorriqueños representados en esa publicación que es referencia de los líderes mundiales en diseño gráfico, tipografía, ilustración y caricaturas.

La prestigiosa capacidad de Marín ha sido premiada en varias ocasiones. En 1957 obtuvo segundo premio en el certamen de pintura del Ateneo. Allí mismo obtuvo, en 1961, el primer premio en pintura y en 1962 nuevamente el segundo premio en pintura. En 1961 obtuvo en el Instituto de Cultura Puertorriqueña una mención en la sección de pintura.

Sus exposiciones se han efectuado con éxito en la Galería Don Roberto en 1958. En 1960 en la Galería Campeche y en 1961 expone en el Instituto de Cultura Puertorriqueña y en el Museo de Ponce.

Su obra mural está representada en un mural sobre la agricultura en el edificio de la General Equipment de Pueblo Viejo, área de San Juan, y otro en el edificio nuevo de la Colecturía de Santurce. Además de las colecciones del Instituto de Cultura Puertorriqueña y del Ateneo Puertorriqueño que poseen obras de Marín, su bella plástica se encuentra en colecciones privadas en Puerto Rico y Estados Unidos, en el Museo Metropolitano de New York y en el Museo de la ciudad de Ponce.

Nuestro artista está muy interesado en el arte del mural monumental y en el trabajo de la vitralería en grandes proporciones. Su éxito indiscutible lo ha logrado en el vehículo del dibujo del cual es maestro, en la labor serigráfica, en los carteles, los grabados y en las bellas ilustraciones para libros.

Entre sus bellos gustos se destaca su admiración por la arquitectura y por la ópera, que, entre otras cosas, practica con mucho gusto y técnica. Para él, Caruso es un enorme monumento estético. De los pintores puertorriqueños siente gran respeto por Carlos Raquel Rivera y admira como maestros indiscutibles a Goya, Brueghel el Viejo, Orozco, Picasso y Alfaro Siqueiros.

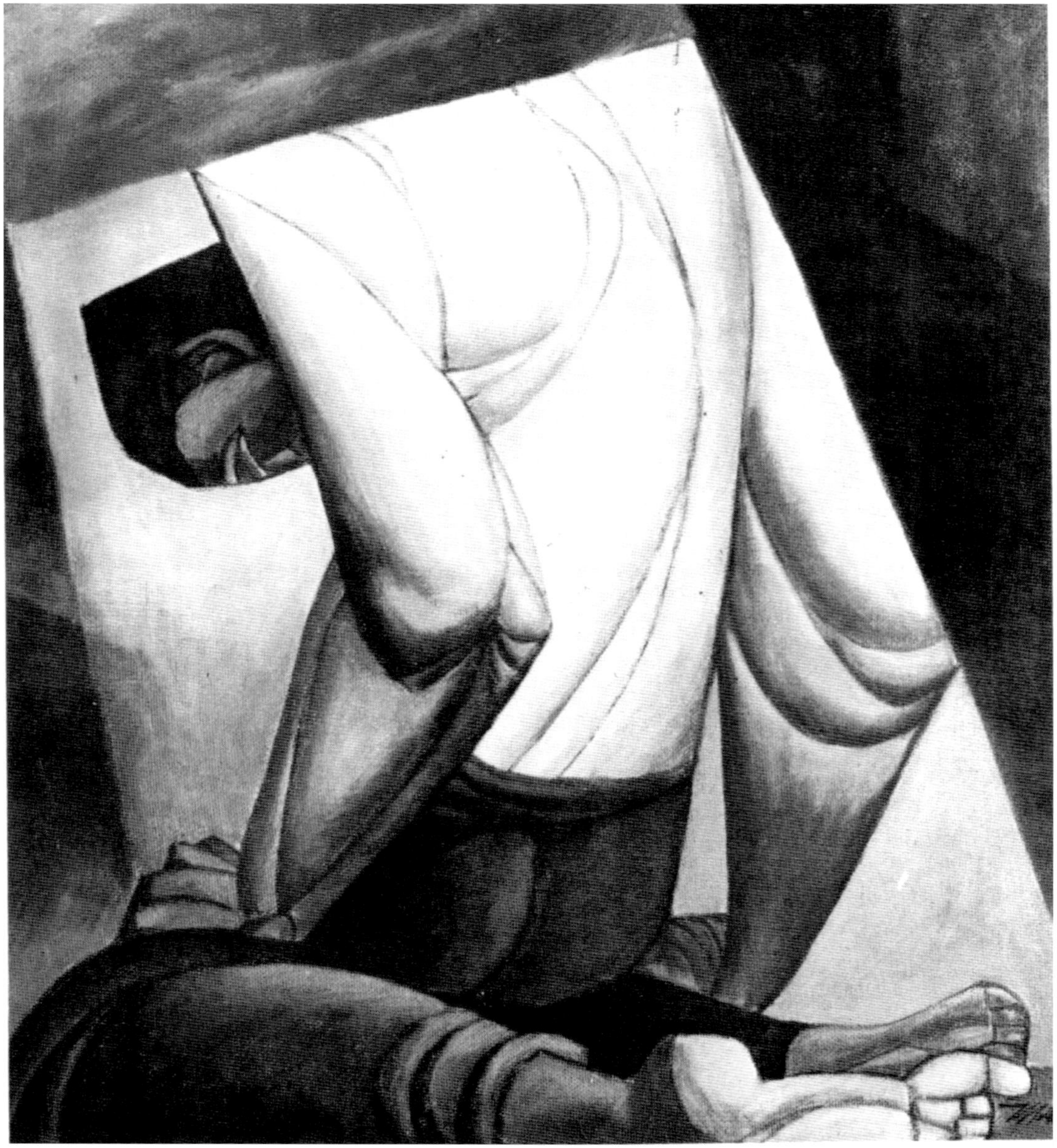

Entre las grandes piezas de la pintura de Marín se destaca el gran cuadro "¿Hacia dónde vamos?", lienzo de tipo político que muestra las tres corrientes políticas de la isla: el Estado Libre Asociado, la estadidad y la independencia.

"La palma de la mano" es una obra maestra de dibujo; allí se vuelca todo el ingenio y el indómito vigor del artista.

La figura y persona de Jesús, el Cristo de Nazaret, obsesiona y subyuga a nuestro pintor. Esta figura es tratada por su mano muchas veces y actualmente trabaja en unos grabados para "La pasión de Jesús".

"Libre determinación" es otro importante aporte en la técnica del grabado. Aquí pone de manifiesto su preocupación por los problemas políticos que lo fustigan con marcado tesón. Su dibujo para una futura pintura, "La caída de Ícaro", promete ser una de sus más altas manifestaciones en el arte isleño.

"Cabeza de Cristo", "El nido", "El escritor" y "Espalda" describen la prodigiosa fuerza del dibujo y la alta textura de la pintura de Marín. En "Dilema" aparece la consagración de un gran pintor. Este cuadro fue este año (1963) segundo premio del Ateneo en pintura.

En Augusto Marín hay un gran artista y una gran promesa en el futuro de las artes de Puerto Rico. Su talento en todas las fases de su arte diagnostican este brillante futuro y para nosotros, su labor como grabador y dibujante en obras semejantes a "Oración", "Idealista" y "Alba" es necesaria para aseverar esta verdad definitiva.

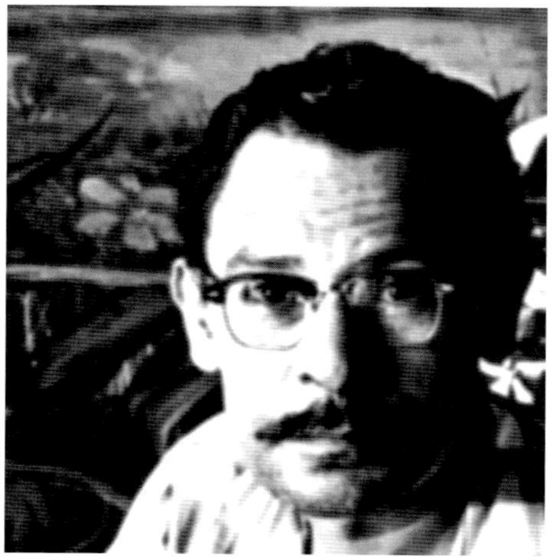

Carlos Raquel Rivera

(Yauco, 1923 - San Juan, 1999) Pintor y grabador. Estudió en la Academia de Edna Coll de 1947 a 1949. En 1949 estudió en la Liga de Estudiantes de Arte de Nueva York. Fue artista gráfico en la División de Educación de la Comunidad entre 1954 y 1963. En 1992 obtiene el Premio Nacional de la Cultura. Sus exhibiciones individuales incluyen: Galería Colibrí en 1964, Instituto de Cultura Puertorriqueña en 1966 y 1972, La Casa del Arte en 1971, el Museo del Barrio de Nueva York en 1980, Museo de la Universidad de Puerto Rico en 1984, exhibición homenaje en la IX Bienal de San Juan del Grabado Latinoamericano y del Caribe, Escuela de Artes Plásticas en 1999 y Galería de Arte de la Universidad del Sagrado Corazón en 2001.

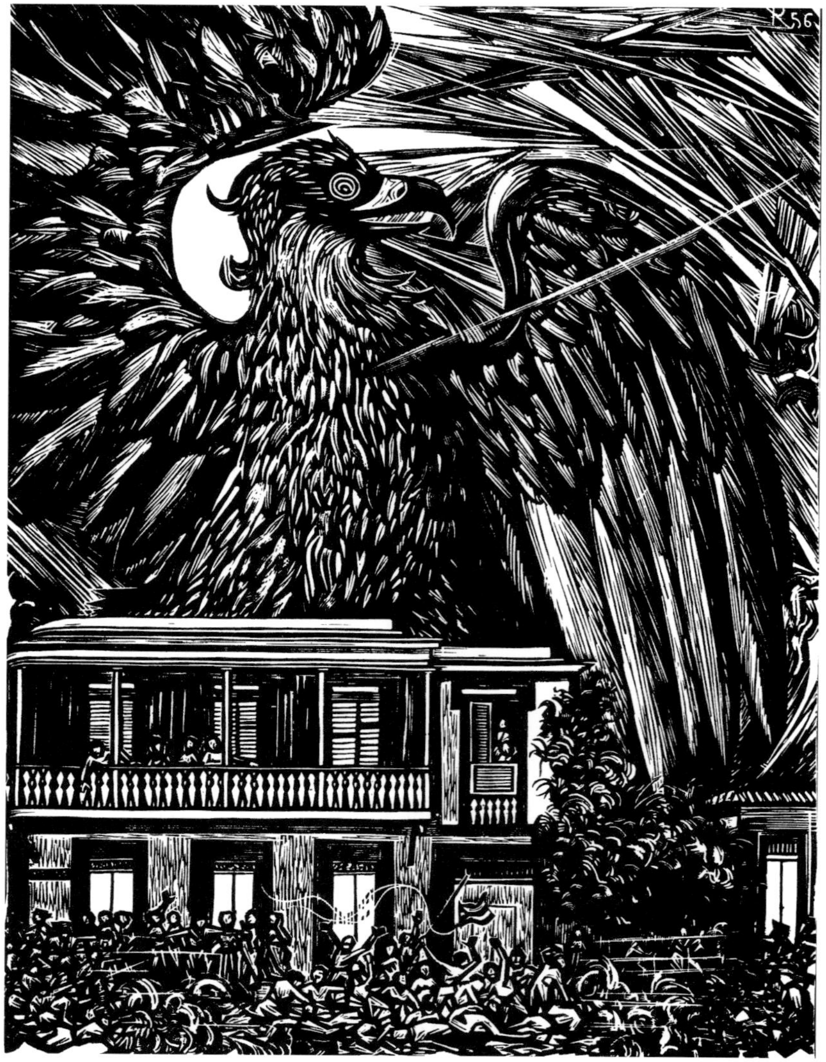

La Masacre de Ponce

Carlos Raquel Rivera: pintor de ideas

El surrealismo es el resultado de una voluntad constructiva aplicada a la creación de un mundo situado más allá del que la percepción arroja, utilizando para este fin los valores procedentes de las asociaciones irracionales e instintivas de fragmentos de la realidad física o imaginaria.

Juan Eduardo Cirlot

La pintura espiritual de Carlos Raquel Rivera transporta en la bella gama de su colorido un mensaje permanente de sus inquietudes, ideales e inquebrantable amor por su terruño isleño.

El tremendo realismo con que analiza en sus lienzos a los humanos, a sus pensamientos, al fuego, al arrabal y a la flora de su isla, nos hace pensar de él como un super-realista; como el artista que además de pintar la realidad de la naturaleza, trata de pintar pensamientos, dolores y protestas vigorosas.

Este talentoso artista es oriundo del corazón de Puerto Rico. Nació en un apartado campo de Yauco llamado El Naranjo. Durante sus estudios –hasta el octavo grado– estuvo en constante contacto con la naturaleza de su aldea natal. Con su madre se trasladó luego al área metropolitana del gran San Juan, donde saboreó la gama de sinsabores con que la gran ciudad trata a los humildes.

Sus inquietudes plásticas se le manifiestan desde niño, época en que le agradaba copiar en blanco y negro. La segunda guerra mundial lo coloca en el ejército de los Estados Unidos y en ese periodo de su vida palpa la vida de Nueva Orleans y el exuberante paisaje de Hawaii. El derecho adquirido a estudiar por haber sido veterano, lo colocó como estudiante de pintura en la desaparecida escuela de Santurce, propiedad de Edna Coll. Sus maestros allí fueron Nino, Federico Enjuto, Tomás Fuentes, Hurtado de Mendoza y Botello Barros. Estos estudios pasaron entre 1948 y 1949, fecha en la cual se trasladó a Nueva York con grandes deseos de superarse.

Sin dominar el inglés, fregó muchos platos en la cocina de un hospital psiquiátrico para mantenerse y poder asistir al Art Students League donde obtuvo gran beneficio del dibujo con modelo vivo desnudo. Sus maestros fueron Reginald Marsh y Jon Corbin. Con gran nostalgia por su querida isla vuelve por fin, y en el afán del viaje, pierde una bella colección de materiales e instrumentos de trabajo. Así, sin nada material, mas con un gran espíritu, inicia su labor definitiva con pinturas que le fiara Félix Rodríguez.

El taller del maestro Rosado en el barrio de Puerta de Tierra lo acogió al inicio de su labor artística. Sus amigos Tufiño y Maldonado le sirvieron de padrinos de entrada a este taller a muchos artistas puertorriqueños. Allí aprendió el arte del trazo de letras, labor que le ha servido en su obra de grabador. Más tarde trabajó como ilustrador en el

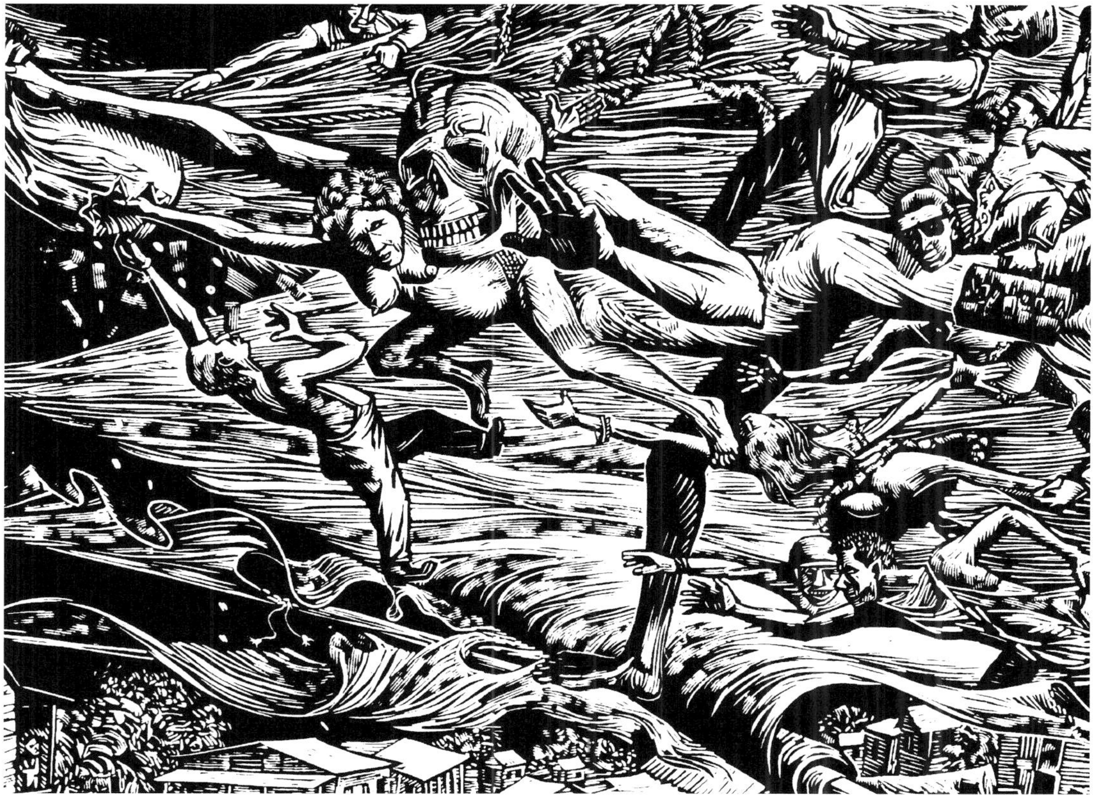

Huracán del norte

periódico *Escuela* del Departamento de Educación y colaboró intensamente con el Centro de Arte Puertorriqueño.

En la actualidad trabaja con la División de Educación de la Comunidad, institución que alberga a otros distinguidos artistas de Puerto Rico.

La obra de Carlos Raquel es muy bien cotizada en la Isla y en el extranjero. Ha expuesto colectivamente en la primera Bienal de México; asimismo lo ha hecho en varias ciudades de Estados Unidos, en Cuba, Holanda, Francia y Rusia.

Con gran admiración nos habló de la difunta Kaethe Kollwitz, insigne dibujante, grabadora y litógrafa alemana de la época de Hitler. De los genios del pasado le subyuga el genio del claroscuro, Rembrandt, y de los contemporáneos, Orozco y Alfaro Siqueiros a quien califica de "genio moderno".

Como grabador nuestro artista es uno de los más prolíficos y competentes del país. La temática social y política al igual que su gran patriotismo están presentes en toda su obra que siempre es mensajera de sus credos y anhelos. "La Masacre de Ponce" contiene acción, dolor, queja y rencor en uno de sus grabados más vigorosos. En "Doña Fulana" se destaca como crítico de lo superfluo, como ridiculizante de los más dañinos y cursis manerismos y como gran humorista. "Las cuatro plagas" lleva un terrible mensaje de sátira y odio a las maneras de ser y los sistemas que para el artista hacen daños irreparables. Es una alegoría de gran plasticidad y grabado de gran escuela. En "Niño dormido" y en "Primos" es sentimental y amoroso hacia la niñez, a la que muestra llena de poesía y de candor. En el primero, muestra a un niño campesino dormido en una hamaca dentro de su humilde choza, la que presenta en la pared del fondo la bandera de Puerto Rico defendida por un machete... Para nosotros, "El pegao" es uno de sus principales grabados. Es vigoroso, diferente, lleno de fuerza y movimiento y, sobre todo, nuevo y precursor de un aporte fresco al arte contemporáneo del grabado.

Como pintor resulta ser de los más activos de Puerto Rico. Su producción es abundante y muy fecunda. Su gran realismo, su temática espiritual, sus mensajes psicológicos y su fantasía onírica nos hacen mirarlo como un surrealista. Viendo sus lienzos hemos recordado unas veces a Max Ernst, otras a René Magritte, a Tanguy o a Chirico y a nuestros oídos han venido versos de Paul Eluard y de André Breton.

"Madre Patria" es un gran óleo que muestra al esqueleto de un soldado colonial español con todas sus armas descansando sobre los esqueletos de muchos nativos. La temática es en azules y grises y muestra su lamento por el exterminio de los indios a mano de los españoles en la época colonial. En su cuadro "Enchapada" hace gran crítica a la tendencia política de la estadidad mostrando una figura espantosa, de gran realismo y en proceso de putrefacción. El artista aquí comenta este movimiento como, "Desintegración de la patria... Dejar de existir... Cosa abominable..."

El amor a la naturaleza y sobre todo a la flora tropical es mostrado con gran detalle en su óleo "Maleza" en el cual contempla raras plantas con los ojos a la altura de pequeñas criaturas desde abajo. El cuadro "Carcajada", casi un abstracto, demuestra movimiento, sonido y luz en un profundo tratamiento con ocres.

El fuego es para el artista un patrón apasionante. Lo considera purificador y honesto. "Fuego en la Perla" demuestra el cariño con que trata las enormes lenguas de fuego que consumen con gran realismo y bello color una parte de este popular arrabal de San Juan. Aquí el fuego vive en bellos rojos ante la tragedia de los desamparados también vivida por el artista.

Su preocupación política se muestra en "Ambiente febril" creado por el ambiente político de la iglesia, el estado y el clero extranjero. En esta cáustica crítica presenta a un "cura americano" gritando con cara muy desagradable en contra del país; presenta también crítica al estado actual, a los inversionistas, al sexo, al oro, y muestra a un líder independentista en acción de amor central. "Sin amor no hay patriotismo", comenta el artista. También aparece allí el mensaje del fuego.

"Chángueles" es el análisis de un campesino contra el suelo, tratando de defenderse. Los colores básicos son amarillos, tierras y ocres. Aquí presenta a un típico cortador de

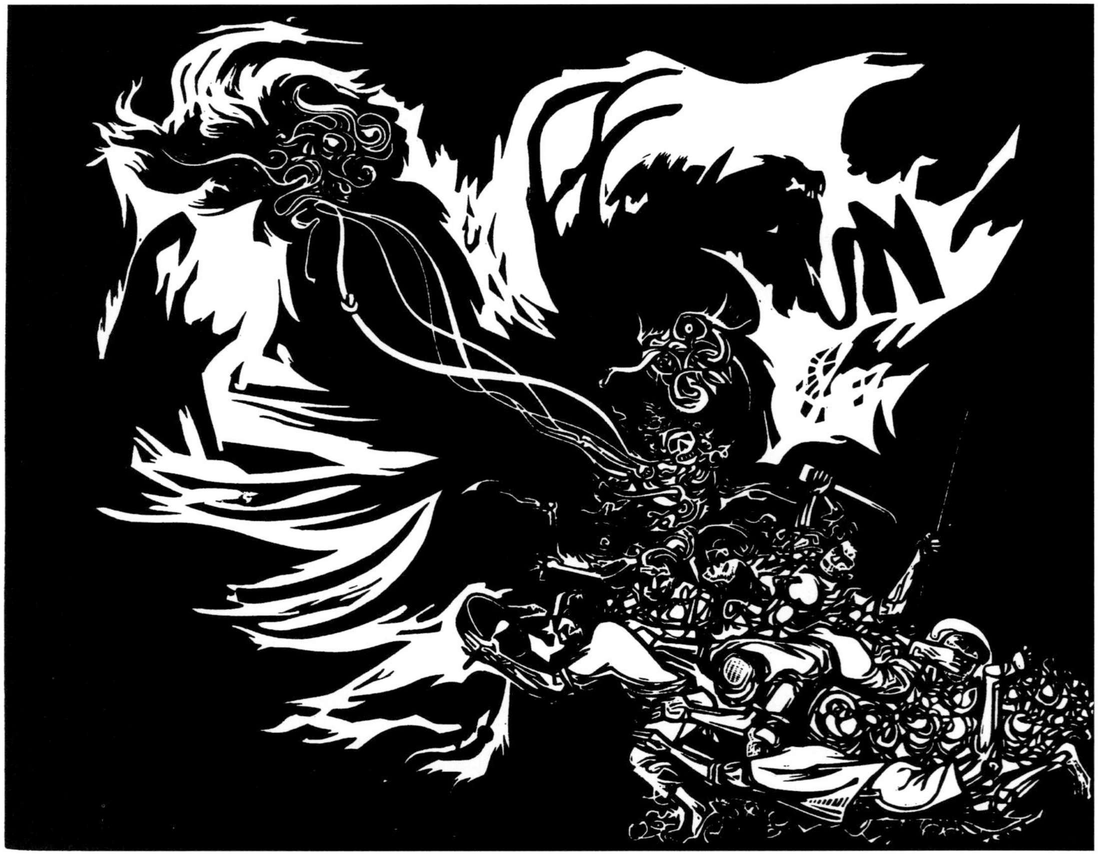

El pegao

caña defendiéndose con su mano derecha y en acción primera, de unos maléficos rayos amarillos que le atacan... En el suelo, a su lado, está el machete listo para entrar en acción. "Esta es la historia de nuestro jíbaro", comenta el artista.

Hay dos imponentes óleos que nos aseguran el carácter surrealista del pintor: "Ramón" y "Neblina". En el primero, retrata entre brumas ocres a un obrero taciturno, con un realismo imponente, marcando al lado derecho de su cabeza un fogonazo explosivo de luz roja que resulta ser el tema principal del cuadro. El artista ha deseado plasmar aquí el momento sublime de ocurrirle al obrero una idea liberadora.

En el gran óleo "Neblina" se consagra presentando un gran paisaje de Puerto Rico: el área entre Guayama y Cayey. El gran detallismo de la naturaleza en su flora de primer plano, un pueblo onírico parcialmente iluminado en segundo plano y olas cortadas a golpe de machete; todo sumergido en una extraña neblina azulada, en movimiento y llena de luces extrañas, flotantes y misteriosas que hacen viva la realidad de la gran poesía del subconsciente del artista. Aquí es innegablemente surrealista. Toda la obra la satura de contrastes, ideas y detalles. "Lo que hace una escuela es el detalle", recalca el pintor.

Entre los sentimentales y amorosos de la pintura puertorriqueña se destaca la personalidad de Carlos Raquel Rivera, producto ciento por ciento de la tierra de su querida isla. Pintores inconformes y deseosos de superación como él, son absolutamente necesarios para la bella floración de las artes de cualquier país. Su pintura inquieta y poética es un refrescante hálito en el arte de Puerto Rico.

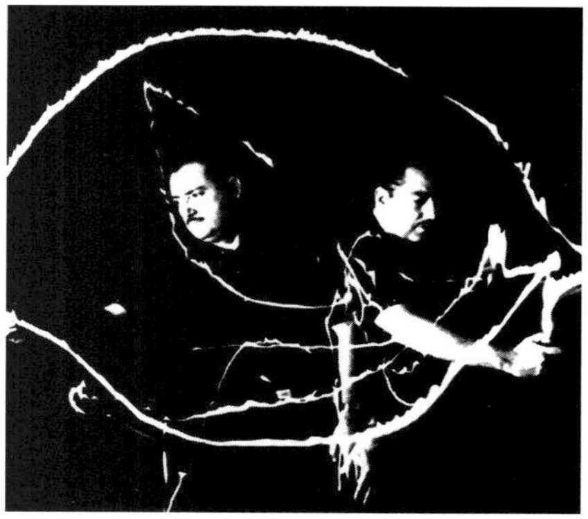

Rafael Rivera García

(Nueva York, 1929) Pintor y muralista. Se establece en Puerto Rico en 1947. Estudió en el Instituto Politécnico, Puerto Rico y en la Universidad de Colombia. En 1958 estudió en el Pratt Institute de Nueva York y en 1965, en la Universidad de Florida en Miami. Su primera exhibición individual fue en Mortimer Levitt Gallery en 1953. Ha expuesto en el Museo de Arte Moderno de Miami, en el Museo de la Universidad de Puerto Rico, en el Instituto de Cultura Puertorriqueña y en el Ateneo Puertorriqueño.

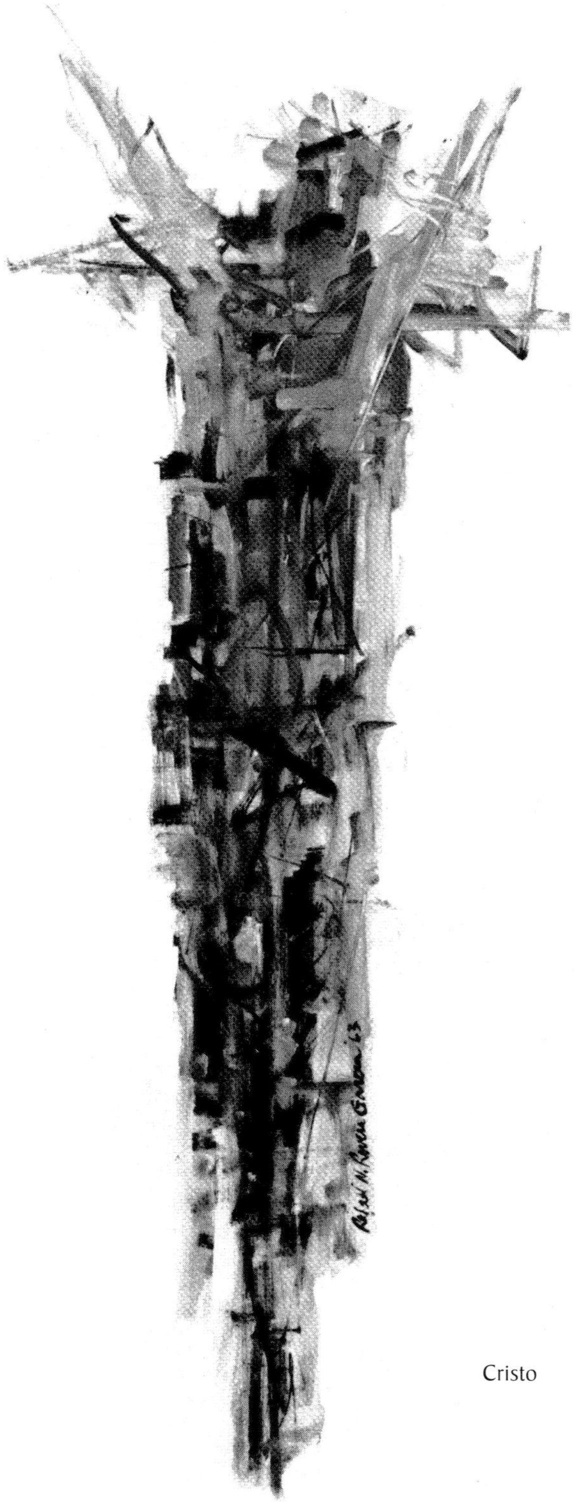

Cristo

Rafael Rivera García: pintor de emociones

El alma cromática de Rafael Rivera García se caracteriza por una infatigable laboriosidad poco común entre los artistas que como él laboran en los estratos intangibles de lo espiritual, lo estético y creativo.

Entre los artistas de la pintura de Puerto Rico, entre los ya consagrados y a pesar de su juventud, resulta ser uno de los más prolíficos. Para Rivera García lo importante es vaciar todas sus emociones sobre el infinito campo que es la superficie donde pinta hasta agotar el tema que fustiga su mente en ese momento. Así es: la forma del caballo, la furia del toro, la universalidad de la paloma como símbolo del bien y la gran preocupación que siente por la curva generada ya sea por la paloma, por el caballo o por otra idea u objeto.

Para él otros artistas harían muchos bocetos para llegar a la solución de un tema en un solo lienzo. Rivera García acomete el tema hasta resolverlo interiormente haciendo a manera de *impromptus* muchos lienzos atacados directamente con la energía del color y la forma final. En esta forma, toda la poesía, toda la plástica aplicada a la idea generatriz, habrá de seguirse contemplando en vigorosos trazos y en transparentes tonalidades de color, cada reacción, cada pensamiento, cada lamento o cada sonrisa de la psiquis del artista. Cualquier cuadro suyo presenta un instante de su ego perpetuado, detenido y plasmado en materia, forma y color. Es esto lo verdaderamente importante de la labor del artista: ese mostrarse diáfano y sincero en un momento específico de su ser. Nueve pinturas sobre la paloma habrían sido, para otro, una sola.

Por sus profundas creencias místicas y su preocupación por la universalidad del bien, cree que podrían tildarlo de simple. Cristo como ejemplo: "... no necesariamente tendría que ser Divino para ser portador de esa virtud propia que lo hace perennizarse por su personalidad y vivir como símbolo por siglos..."

Para nosotros, la obra cumbre de Rafael Rivera García es su "Gólgota". Doce pinturas realizadas con amor y gran técnica, efectuadas en un desplante de líneas, gran dibujo, sinceridad y delicioso arte, con las reacciones del artista ante el drama cumbre de la humanidad: la pasión y muerte de Jesús, el Cristo. Este tema está resuelto en grandes cuadros a base de blanco, grises y vigorosas líneas negras.

Henri Matisse trató el tema del vía crucis en la "Chapelle du Rosaire" en la aldea de Vence, al sur de Francia, y Georges Rouault obtuvo también en su "Miserere" el logro extraordinario de esta mística temática. El "Gólgota" de Rivera García, tal como la obra de los grandes maestros, destila espiritualidad y gran sentido creativo, logrando movimiento y comunión con el dolor. "Gólgota" es un verdadero logro estético.

El medio original del pintor era el temple y huevo. Ahora trabaja con los acrílicos que, según nos dijera, se adaptan a su manera de ser y secan rápido. Por lo general

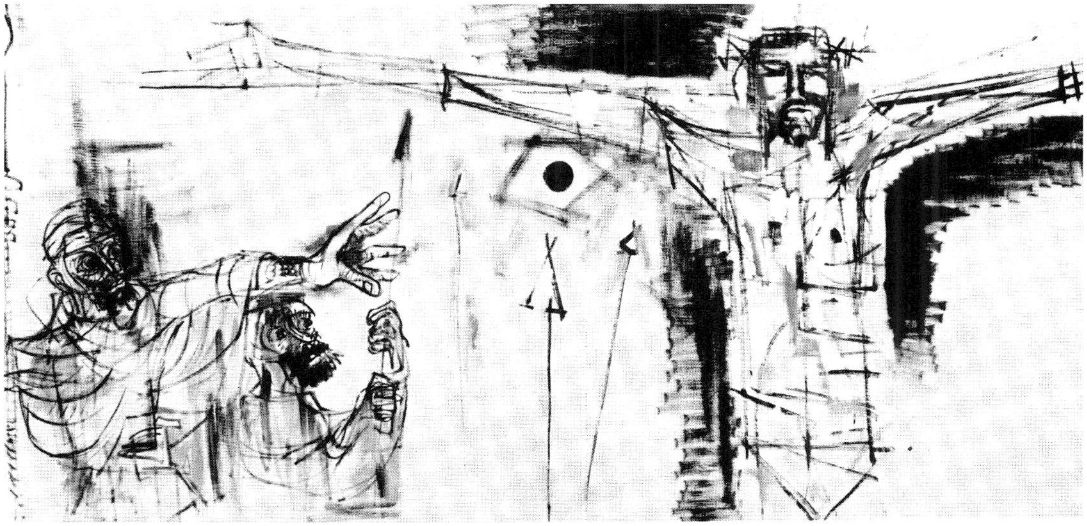

Vía Crucis (fragmento)

pinta sobre madera, material noble al que considera estable; jamás sella el grano natural de la misma. El poder absorbente de la madera logra algunos efectos interesantes en su labor pictórica. El rojo y el negro aparecen con frecuencia en sus obras. Lo dinámico del rojo le preocupa y cree al negro aislante de campos visuales. Admira a Goya por artista, por impetuoso y por héroe... Su admiración entre los contemporáneos estriba en lo grande de Rouault y en la aportación de Beckman y Levine.

Nace nuestro artista en la ciudad de Nueva York con raíces muy profundas en el pueblo puertorriqueño de Cabo Rojo. Sus estudios originales los hace en la Escuela Experimental de Música y Arte fundada por Fiorello La Guardia. Allí nació su vocación como pintor ya que tenía la oportunidad de visitar como parte de sus estudios de escuela superior, al famoso Art Students League de Nueva York. Federico Castellón y Arthur

Young fueron sus maestros admirados y María Luisa Castillo la maestra que lo inició en las disciplinas del arte. En Puerto Rico estudió en el Instituto Politécnico de San Germán y más tarde obtuvo su maestría en Artes en la Universidad de Columbia, Nueva York.

Su labor ha sido extensa. Trabajó con el Departamento de Instrucción Pública de Puerto Rico en gestiones de arte y publicaciones y con la firma Binney & Smith como organizador de dieciséis talleres de arte. Con la Compañía de Fomento de Puerto Rico trabajó como co-director de industrias especiales. Allí logró una beca para cursar estudios de Ingeniería de Diseño y Diseño en el Instituto de Arte Contemporáneo de Boston. Terminados sus estudios laboró como coordinador del centro de diseño de la Compañía de Fomento. Más tarde (1958) la Universidad de Puerto Rico le otorgó una beca para estudiar Diseño Industrial en el Instituto Pratt. Desde su regreso ha trabajado en la Universidad de Puerto Rico donde actualmente es Director del Laboratorio de Diseño Industrial del Departamento de Bellas Artes y Catedrático Auxiliar de ese departamento.

Su fibra espiritual se manifiesta por su gran preocupación por la patria. Hay en él la convicción de que la realidad actual resulta en una "entidad formada y ajena a lo que le ha impuesto la historia . . . algo anti-mater que hace que hoy vivamos un momento muy crítico..."

Respecto a la creación artística se manifiesta en pro de que el arte no se debe amarrar al anecdotario político pues violaría el principio puro del arte universal. En otras palabras, no cree se deba usar al arte como instrumento político pero, respeta a quienes lo hacen... "Cuando se le da un tema a un artista, se está encasillando su libertad artística."

Su interesante historia lo localiza en la juventud como "varias veces adscrito a velar por la seguridad personal del Dr. Pedro Albizu Campos". Recuerda el artista que en una ocasión en San Germán, a propósito del levantamiento nacionalista de 1950, Don Pedro lo aconsejó de esta manera: "Usted puede hacer patria consagrándose al arte a la manera del pintor Oller..." La labor intelectual de Oller es bien estimada por Albizu.

Rivera García ha celebrado muchas exposiciones individuales en Puerto Rico y en Estados Unidos. En Nueva York lo ha hecho en la Mortimer Levitt Gallery y en otras galerías; en Miami, en la Hollywood Gallery; luego en las universidades de Puerto Rico, en el Instituto de Cultura, en el Ateneo, etc... Su labor como muralista es muy profusa, contándose bellos ejemplos en instituciones, oficinas y residencias: los murales del Centro de la Facultad de la U.P.R., los del Hotel La Parguera, el de la Asociación de Industriales de Puerto Rico y los que aparecen sobre los tanques de aguas negras de una urbanización de lujo en Fajardo.

Su obra ha sido premiada por la firma Saks de la quinta avenida de Nueva York y por la American Artists Association en los Estados Unidos. En Puerto Rico fue galardonado por la Asociación de Industriales por su labor de coordinación en materia de arte e industria. Pertenece como miembro activo, a la Academia de Artes y Ciencias de Puerto Rico y ha sido director artístico de la revista *Alma Latina* y auxiliar del director artístico de *Puerto Rico Ilustrado*.

Su residencia en la urbanización El Cerezal es un ejemplo de su buen gusto. Interiormente se muestra el talento del diseñador y definitivamente, el colorido de su abundante obra sobre las paredes dan una estupenda alegría ambiental. En el exterior, uno de sus murales y una bella escultura de Balossi, sirven de punto de referencia

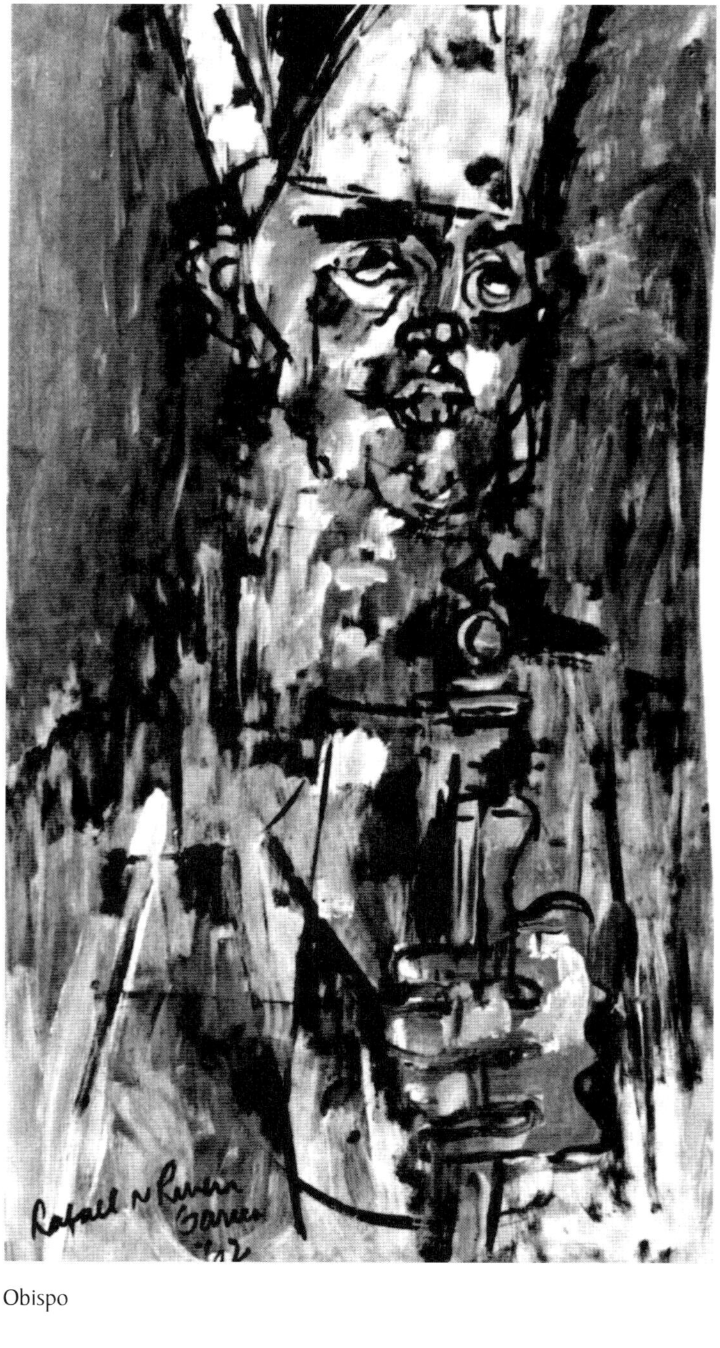

Obispo

a todos los visitantes y habitantes de esa urbanización.

La abundancia de su obra cromática pendula entre figuras de animales, maternidades, naturalezas muertas, paisajes urbanos de arrabales entre los cuales se destaca "Metrópolis", un gran cuadro de bella confección, adquirido por el Instituto de Cultura Puertorriqueña.

Entre los trabajos al óleo sobresalen la pieza vertical "Hombre" (1962), de la colección del Sr. y Sra. Donald Thompson; el "Cristo" (1963) –expresión de dolor y angustia–, de la colección del Sr. Donald Keilor; "Obispo", obra de gran plástica, de la colección privada del artista; y "Mujer con rosario" (1960) también de la colección privada del artista.

Rafael N. Rivera García representa la inquietud y el deseo de hacer de los artistas con ideales. Su obra muy personal, dinámica y amarrada al espíritu, augura grandes logros en la plástica borinqueña. Su intelecto, preparación y sus bellas emociones lo garantizan.

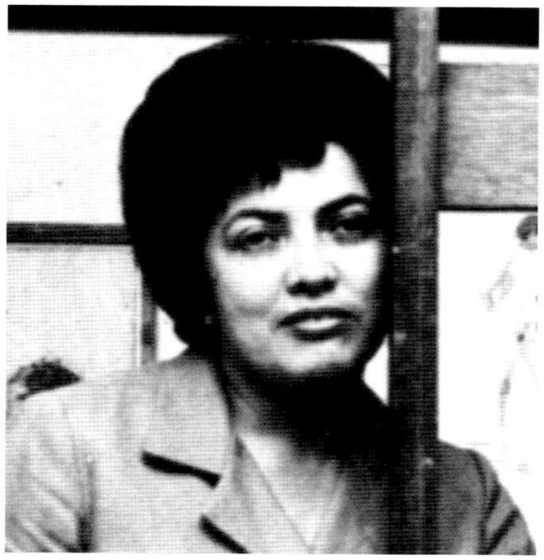

Myrna Báez

(San Juan, 1931) Pintora y grabadora. Estudió en Madrid en la Academia de Bellas Artes de San Fernando de 1951 a 1957. Estudió grabado con Lorenzo Homar de 1957 a 1961 en el Taller de Gráfica del Instituto de Cultura Puertorriqueña. Fue profesora de la Universidad del Sagrado Corazón de 1963 a 1985 donde se desempeña como artista residente. Algunas de sus exhibiciones individuales son: Instituto de Cultura Puertorriqueña en 1962, 1985 y 1988. Museo de la Universidad de Puerto Rico en 1976. Gallería Botello en 1981, 1992 y 1994. Retrospectiva en Museo del Barrio de Nueva York, Museo de Bellas Artes en Springfield, Massachussets y en el Chase Manhattan Bank de San Juan en 1982. Fue la artista homenajeada en la VII Bienal de San Juan. Retrospectiva en el Museo de Arte de Puerto Rico en 2001.

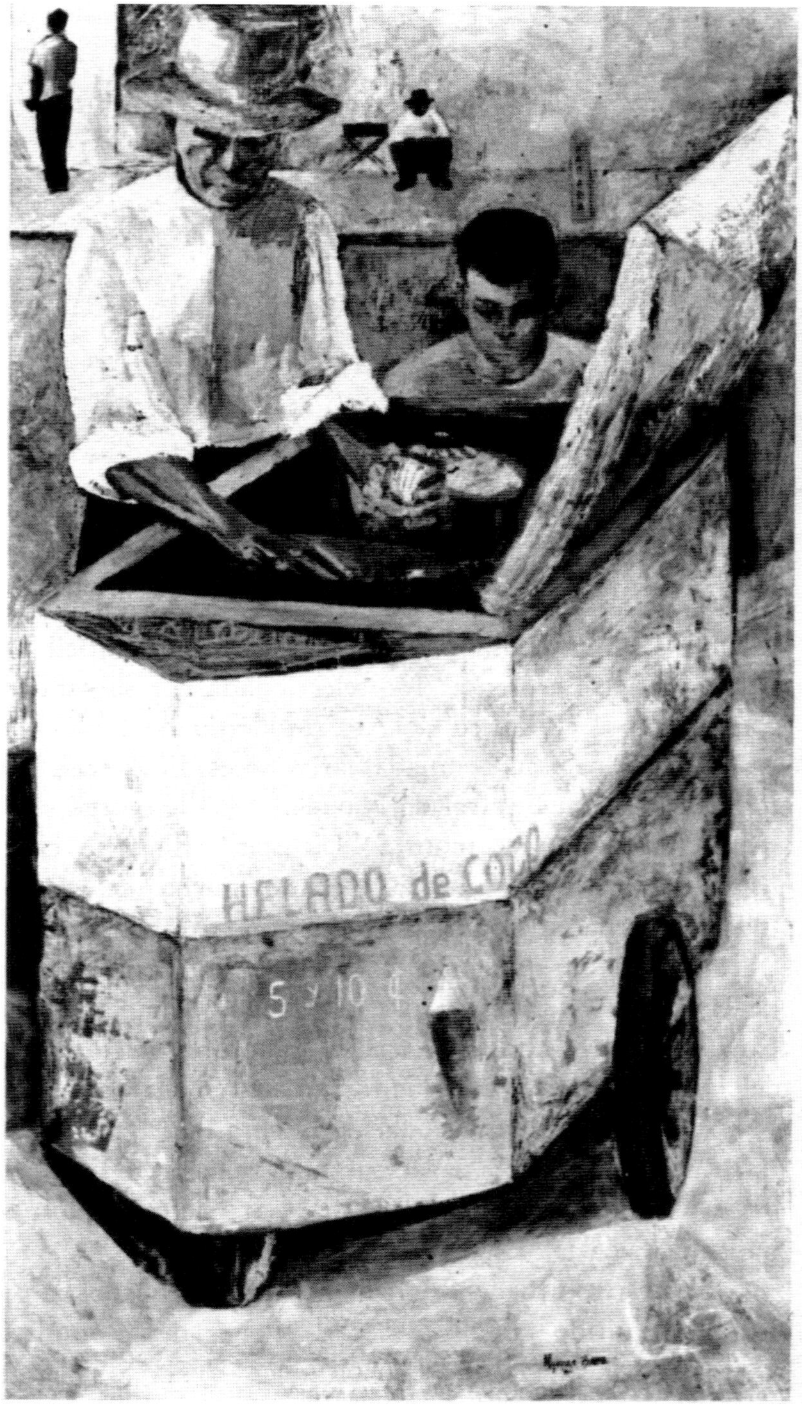

El heladero

Myrna Báez: la poesía pictórica

La mujer de Borinquen tiene en la pintora Myrna Báez uno de los mejores exponentes de su intelecto y arte genuino. Dinamismo y personalidad es lo que brota permanentemente de esta importante joven pintora, al observarla y oírla en el recinto de su gran estudio en Hato Rey. Moviéndose en un ambiente luminoso de color, líneas vigorosas, caballetes, modelos anatómicos de yeso y esculturas, nos muestra su última cosecha artística y presenta claramente su fino y bien balanceado contenido espiritual. Al hablar sobre la emoción que genera lo visual ve al arte como "autor de una vida más bella, como elemento de disfrute de la misma y medio de comunicación... La pintura, en especial, transmite ideas; por su medio los pueblos pueden unirse y comprenderse mejor..."

Al comentar sobre el papel de la mujer en la pintura actual cree que cada día la mujer pintará más, y con más calidad. "Ahora la mujer es más libre que antes y desde luego tiene más oportunidades de actuar en el arte al lado de los hombres". A pesar de sus bellas dotes femeninas sostiene que "la mujer debe pintar como pintor y no como mujer...", "cuando se contempla un cuadro no se ve el sexo del autor...".

El valor indiscutible del arte de esta dama pintora se aumenta más con el raro adorno que es su humildad. Todavía se considera estudiante y no ha cambiado su habitual sencillez a pesar de sus triunfos reales.

Myrna Báez nació en Hato Rey, sector de San Juan de Puerto Rico. Cuando tenía 14 años inició sus estudios de pintura con maestros puertorriqueños y poco tiempo después abandonó su paleta de estudiante no pensando usarla más; deseaba estudiar medicina. En 1951 se graduó en la Universidad de Puerto Rico de Licenciada en Ciencias y seguidamente se trasladó a Madrid para proseguir estudios de medicina. Pasados unos meses en la gran capital española, decidió que la medicina no era su vocación sino la pintura... Después de un riguroso examen logró su admisión en la Real Academia de Bellas Artes de San Fernando en 1953. El ambiente de la urbe europea, los museos como El Prado –desde luego– y la vida en la Real Academia la llevaron hasta 1957 fecha en la cual recibió su título de Profesora de Dibujo y Pintura.

Al regreso a su tierra, llena de inquietudes ingresa al Taller de Artes Gráficas del Instituto de Cultura Puertorriqueña y bajo la dirección del maestro y artista Lorenzo Homar, aprendió la técnica del grabado. "A Lorenzo Homar debo mucho... Me enseñó a grabar...", dice nuestra artista con humildad que habla muy alto de sus finas dotes.

La factura de su dinámica paleta ha sido bien calificada internacionalmente. Sus óleos y grabados se han presentado en exposiciones colectivas en Puerto Rico, Estados Unidos, Cuba, Suiza y España. Individualmente lo ha hecho en mayo de 1962, en el Instituto de Cultura Puertorriqueña y ha sido la primera mujer en exponer individualmente en dicha institución.

Entre sus triunfos más recientes está el hecho de haber sido seleccionada con dos compatriotas, para representar a Puerto Rico en la exposición del *Arte Actual de América y España* presentada en Madrid en 1963 y actualmente en viaje por toda Europa. Myrna Báez está representada en esta muestra con tres vigorosos grabados.

La obra de nuestra pintora consiste de óleos, dibujos y grabados, estos últimos mayormente en linóleo y madera, aunque hay bellos ejemplos de su arte en litografía y plexiglass. Sus creaciones están dispersas en varias colecciones privadas de Puerto Rico, Estados Unidos, México, Venezuela y España. Se encuentran algunas de sus piezas en el museo de Ponce —Puerto Rico— y en el Instituto de Cultura Puertorriqueña. Su grabado en *plexiglass*: "El Yunque No. 1" fue adquirido por el Museo Metropolitano de Nueva York para su colección de artes gráficas. Este grabado con "El Yunque No. 3" hecho en madera, delatan el gran dominio de la artista en este difícil arte. Su litografía "La prensa" fue seleccionada por su calidad y adquirida por el Museo de Arte Moderno de New York.

Su obra ha sido premiada varias veces. El Ateneo Puertorriqueño en su Festival de Navidad 1963 le otorgó el primer premio por su pintura "Ciclistas". El bello cromatismo del cuadro, la energía y el movimiento que la obra involucra, hacen honor al laudo. En este caso, fue nuestra artista la primera mujer en ganar un primer premio de esta clase en el Ateneo. "El Muelle", bella pintura urbana de gran composición acrílica, ganó mención de honor del Instituto de Cultura Puertorriqueña en marzo de 1963.

El prestigio internacional de la obra de Myrna Báez la ha hecho acreedora a participar nuevamente en Europa en *El Quinto Salón Internacional de Marzo* efectuándose este año en Valencia, España.

El paisaje urbano "Barrio Tokio", verificado en acrílico y adquirido por el Museo de Ponce de la fundación Ferré, junto con el grabado en *plexiglass* "Ciudad", son las más importantes expresiones plásticas del paisaje urbano concebidas por la artista. Esta temática apasiona la psiquis de la pintora quien logra éxito magistralmente con la silueta urbana de nuestra capital desde el mar, en su óleo de 1964 "San Juan" y con el grabado en madera y linóleo de 1962 "Arrabal".

Entre los ya clásicos de Myrna Báez están las famosas pinturas de 1961 "El Palomar", obra sentimental confeccionada con profundo cariño y la muy social pieza "Heladero" que demuestra conocimiento pleno de su pueblo.

Nos ha impresionado el magnífico óleo "Sillones" realizado en 1963. En medio de una poética bruma de grises y ocres hay dos sillones "antiguos"... Dos recuerdos están sentados uno frente al otro... Hay gran nostalgia, mucha sensibilidad y sobre todo, pintura de altura. Actualmente trabaja en el boceto para un gran mural de 8' x 23' pies para la escuela Manuel A. Pérez. El tema se desenvuelve entre las artesanías y será ejecutado con mármol granulado y viñetas de mosaicos.

Su dominio sobre el difícil arte del grabado está comprobado en el grupo "Carros de piraguas" en madera y linóleo de 1959; en el linóleo de 1963 "Dos mujeres"; y en el maravilloso "Niño de los globos" litografía y obra de gran maestría creada en 1963.

Para Myrna Báez, Piero della Francesca y Rembrandt van Rijn son documentos vitales en la historia de la pintura. Francisco de Goya y Lucientes la entusiasma con sus pinturas negras y con sus grabados llenos de vigor y, entre los maestros de la pintura contemporánea admira a los maestros Pablo Picasso, Paul Cezanne, Levine y Cándido Portinari.

Entre las mejores pintoras de Puerto Rico está Myrna Báez. Su obra, hija de manos de grande atributo femenino, es gran pintura sin sexo. Es solamente pintura de la mejor factura puertorriqueña. Su prestigio internacional, la plástica depurada y muy personal de la artista la colocan entre los verdaderos valores de la pintura que hace importante a Puerto Rico en el mundo.

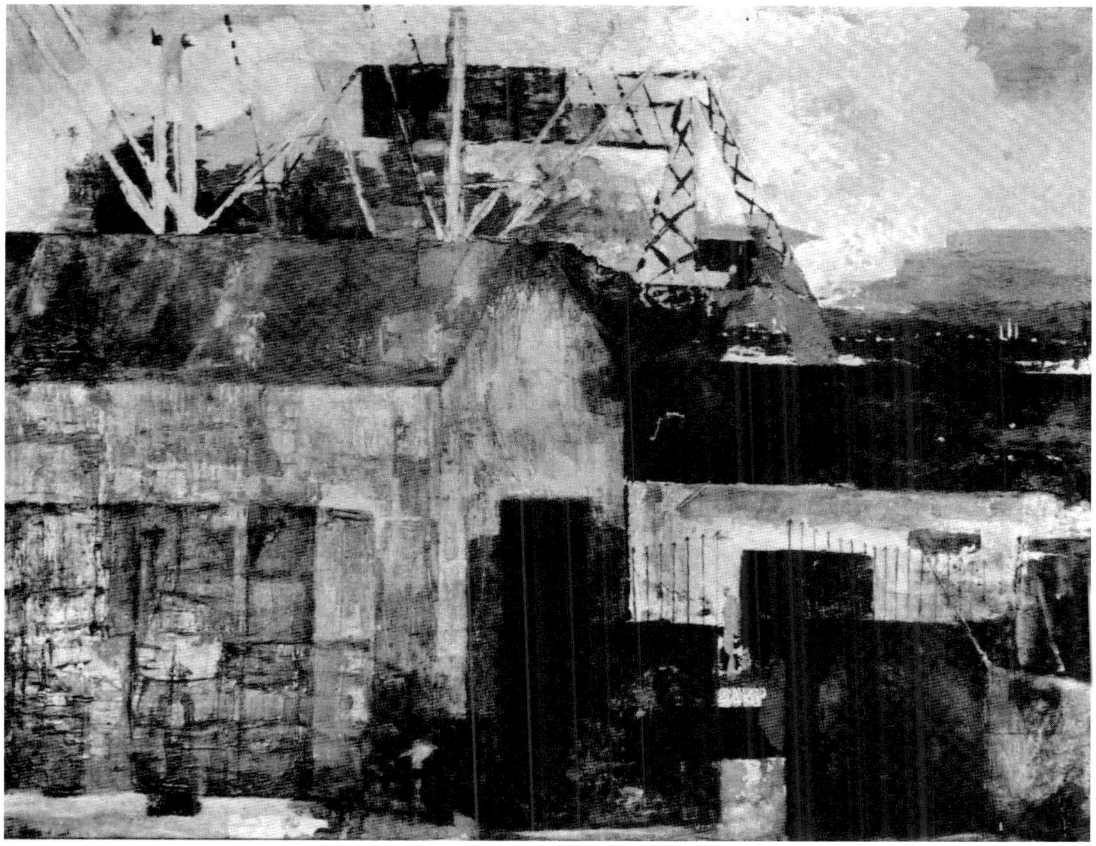

El muelle

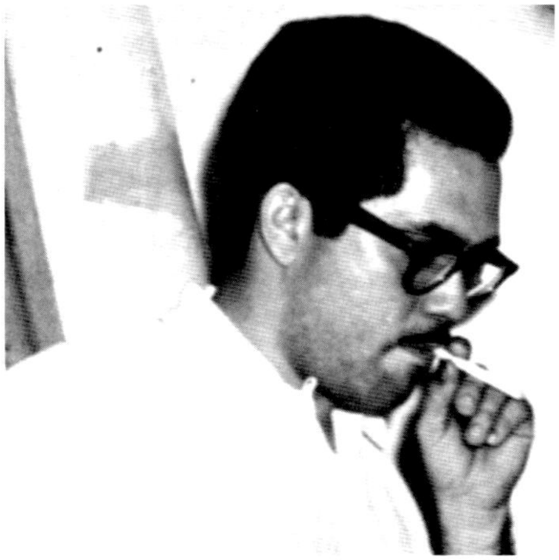

Luis Hernández Cruz

(San Juan, 1936) Pintor, escultor y grabador. Obtuvo su M.A. de American University en Washington en 1959. Fundó el Grupo Frente en 1977. Fue profesor en el Departamento de Bellas Artes de la Universidad de Puerto Rico de 1968 a 1992. Sus exhibiciones individuales incluyen: Instituto de Cultura Puertorriqueña en 1961, 1965, 1971, 1973 y 1976; Museo de la Universidad de Puerto Rico en 1962, 1970 y 1980; Museo Español de Arte Contemporáneo en 1973; XIII Bienal de Sao Paulo, Brasil en 1975; Museo de Arte Moderno de América Latina, Washington en 1978; Museo de Arte de Ponce en 1984; Arsenal de la Puntilla en 1988. Fue artista homenajeado en la IX Bienal de San Juan en 1991. Exhibió también en la Galería de Arte de la Universidad del Sagrado Corazón en 1999.

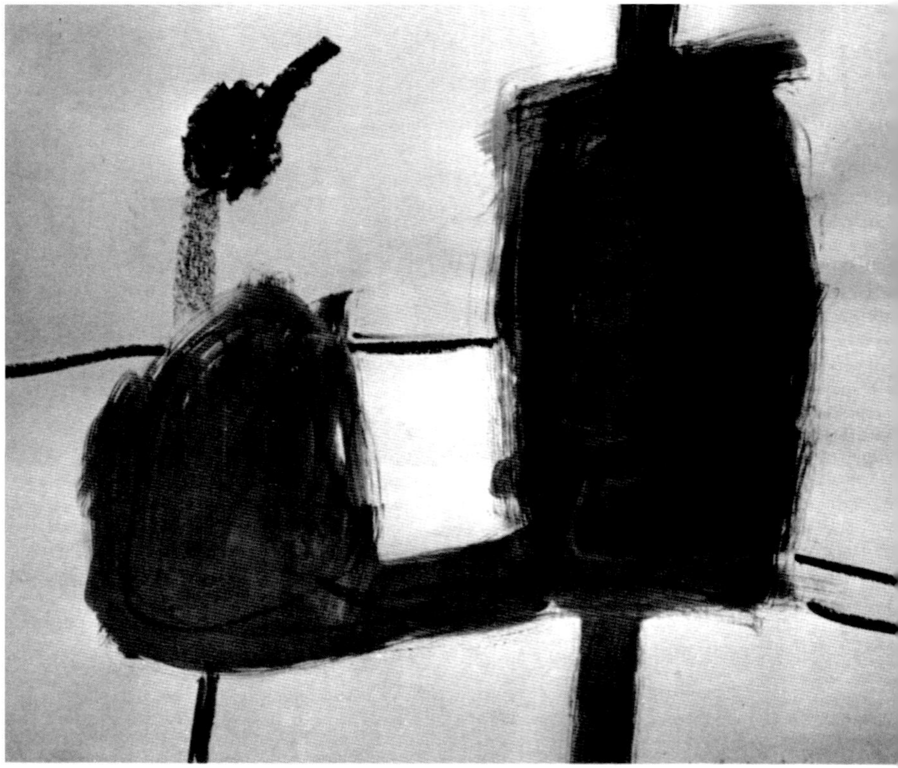

Encuentro

El arte abstracto de Luis Hernández Cruz

Moi j'ai besoin pour me développer, de functionner toujours différamment d'une chose à l'autre sans estétique a priori...
Nicolas de Stäel

El pensamiento del pintor de Stäel bien pudiera enmarcar la filosofía estética que anima la labor creadora de Luis Hernández Cruz, uno de los pocos, originales y talentosos pintores de lo abstracto en Puerto Rico.

Su tendencia actual hacia la síntesis —luego de gran depuración, trabajo infatigable y eterna búsqueda— podríamos localizarla en el expresionismo abstracto, por el hecho de unir a la no figuratividad de sus conjuntos la vibración y movimientos desplazados de las formas con que se expresa.

Búsqueda constante es el impulso de su obra consagrada hoy en el arte internacional. Como grabador ha logrado delicadas facturas que además de artista lo catalogan entre los más pulidos artesanos. En este género prefiere trabajar en metal, pero por lo general lo hace en madera. El difícil arte del *gouache* es para Hernández Cruz: "un tema poético corto que hay que terminar con prontitud". Se siente satisfecho con sus logros en esta técnica, expresados en una bella serie que estuvo inspirada en pinturas y texturas de muros, de los cuales obtuvo el mensaje de formas y símbolos arraigados en lo popular y primitivo. "Rojo y negro" de esta serie es, en nuestra opinión, el más destacado del grupo. Su armonía total es reafirmada con vigorosos trazos de crayón de cera negra.

Nuestro artista ha laborado también en el arte del mural. Para una moderna hospedería de Mayagüez trabajó un proyecto vasto en tamaño. La técnica propuesta para esta obra fue la del *granulux*, (granulado de mármol en colores aplicado como revoque o empañetado) con acentuación de motivos con mosaicos. El mural contiene material inspirado en la flora y fauna de Mayagüez, sigue la plástica de la "serie" de los *gouaches* del artista y estaría flanqueado por esculturas del eminente escultor Balossi. El proyecto no se sabe si será realidad; de no serlo, el arte mural de Puerto Rico perdería un bello ejemplar.

De su grupo de óleos sobre papel sobresalen las obras "Iluminación No. 5" e "Iluminación No. 6". Aquí se destaca el incrustamiento de un grabado en madera que incrementa a manera de *collage* las calidades y texturas de los cuadros. El cromatismo está basado en bellas calidades de tierras, azules y ocres las cuales unidas en este universo de forma y color, logran belleza definitiva.

Para Hernández Cruz es el óleo el medio preferido de expresión. Con él vive y se busca constantemente. Un lienzo en su estudio está sin terminar hasta que sale de allí... Desde que lo inicia sigue continuamente trabajando sobre él, haciendo adiciones y cambios con texturas hasta que prácticamente se lo arrancan de las manos con destino a museos, colecciones privadas, etc... Es en ese momento que la obra se

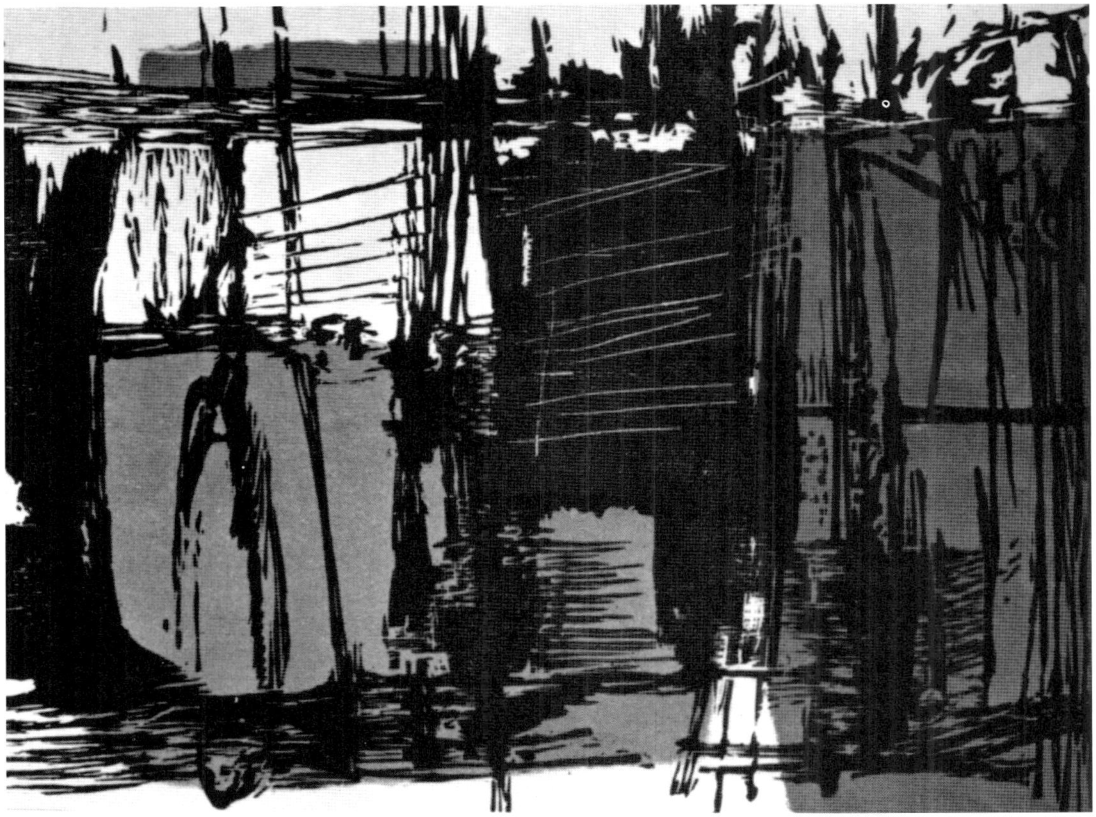

Composición en negro y gris

detiene. Estamos seguros de que sería muy difícil hacer hoy una exposición retrospectiva de su obra completa, debido a que piezas magníficas han desaparecido bajo capas de pintura que el artista ha sobrepuesto para crear nuevas obras. Ejemplo de esto es el bello óleo "Islas de sol" expuesto por la galería Campeche, desaparecido hoy bajo otra obra.

Nicolas de Stäel es según Hernández Cruz, maestro de la nueva generación abstractista, filósofo del movimiento y estrella tutelar en materia de texturas. El suicidio detuvo su obra humana y puso en evidencia su conflicto interior entre lo figurativo y lo abstracto.

Nuestro artista dejó en el pasado la temática como inicio de obra; ahora trabaja estructuras de abstracto puro. Por eso, sus naturalezas muertas de 1961 y sus obras de 1962 muestran la base de su tendencia actual. "Paisaje Nocturno", inspirado en lo objetivo del ambiente y trabajado en fondo obscuro con detalles en blanco y tema central en destellos rojos, hace que su dueño el Sr. Carlos Acosta tenga una obra importante de Hernández Cruz. Otras obras importantes lo son "Guajataca" de la colección de la Universidad de Puerto Rico y el imponente "Cascadas" del grupo del mismo nombre, propiedad del Sr. Elías López.

De su obra actual se destaca "Trío" logrado en azules, "color que resuelve el problema de grandes espacios... El cielo de Puerto Rico...". En él usa toques pequeños de amarillo y muchas texturas con la superimposición de materia y pigmento. Con mucha frecuencia usa *collages* de tarlatana para lograr texturas adicionales y transformar colores, logrando así espacios nuevos. En "Xoana" triunfa con el vigor del rojo sobre verdes muy tranquilos y toque central de luz amarilla. Su labor de hoy es en síntesis: exigencia, autocrítica, líneas y forma de color similar con la expresión ya caracterizadora de su personalidad. Por eso "Fósiles Submarinos", óleo y *collage* sobre tela tratado en verdes, rojos y amarillos; "Mundo Azul", óleo y *collage* sobre tela y "Encuentro", *gouache* sobre papel, tratado en rojo, negro y amarillo, son obras que representan muy bien a los abstraccionistas de Puerto Rico en el ámbito internacional.

Henri Matisse representa para nuestro artista uno de los más importantes pilares del arte pictórico del ayer. Al hablar sobre el arte actual nos comenta con su rara humildad de la admiración que siente por el trabajo de su compatriota Julio Rosado del Valle; por su vitalidad, por la forma en que ataca los problemas estéticos y por su permanente afán de búsqueda...

Luis Hernández Cruz nació en San Juan de Puerto Rico. Sus estudios elementales y superiores los efectuó en su isla natal y luego se trasladó a la American University de Washington, D. C., lugar donde obtuvo su maestría en Artes en 1959. En 1961 obtuvo primer premio de pintura en el concurso y venta de pinturas auspiciado por la firma IBEC Corporation en San Juan. En 1962 ganó el primer premio en el concurso sobre paisaje urbano auspiciado por el Instituto de Cultura Puertorriqueña. En 1963 participó en la exposición internacional *El Arte actual de América y España* auspiciada por el Instituto de Cultura Hispánica de Madrid, España. Individualmente ha expuesto en el Instituto de Cultura Puertorriqueña en 1961; en la Galería Campeche en 1962; en el Museo de la Universidad de Puerto Rico en 1962 y en la Galería Sol 13 en 1963. Ha sido profesor de la Facultad de Humanidades de la Universidad de Puerto Rico de 1960 a 1962 y actualmente desempeña el cargo de ayudante del Director del Instituto de Cultura Puertorriqueña.

El arte abstracto de Luis Hernández Cruz tiene vigencia internacional y habla ya el lenguaje característico de los consagrados. Su preocupación, búsqueda infatigable y gran plástica han hecho esto posible. Así lo demuestran su confianza y sus palabras: “El logro está en ser lo más personal posible...”.

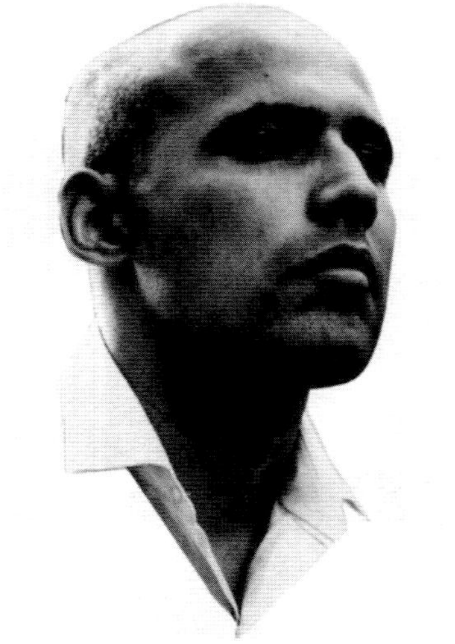

Domingo García

(Coamo, 1932) Pintor, grabador y escultor. Estudió en el National Academy of Fine Arts de Nueva York de 1949 a 1950 y en el Art Institute de Chicago hasta 1952. Además, estudió con William Locke en Inglaterra de 1952 hasta 1957. Fue fundador y director del Taller-Galería Campeche en San Juan desde 1958 hasta 1967. Funda y dirige la Galería Latino Americana desde 1988 hasta 1994. Fue profesor en la Escuela de Artes Plásticas de 1990 hasta 1997. Exhibiciones individuales: Galería Campeche en 1959; Instituto de Cultura Puertorriqueña en 1962,1966 y 1987; Casa del Arte, San Juan en 1964, 1971 y 1972; Museo de la Universidad de Puerto Rico en 1964 y 1991; Galería Moncada, Barcelona en 1967; Marlboro New London Gallery, en 1968; Galería Colibrí de San Juan en 1973; Museo del Barrio, N.Y. en 1979; Museum of Contemporary Art, Chicago en 1981; Museo de Arte de Ponce en 1992; Galería Luigi Marrozzini de San Juan en 1993; Retrospectiva de 50 años en el Museo de Arte Contemporáneo de Puerto Rico en 1999.

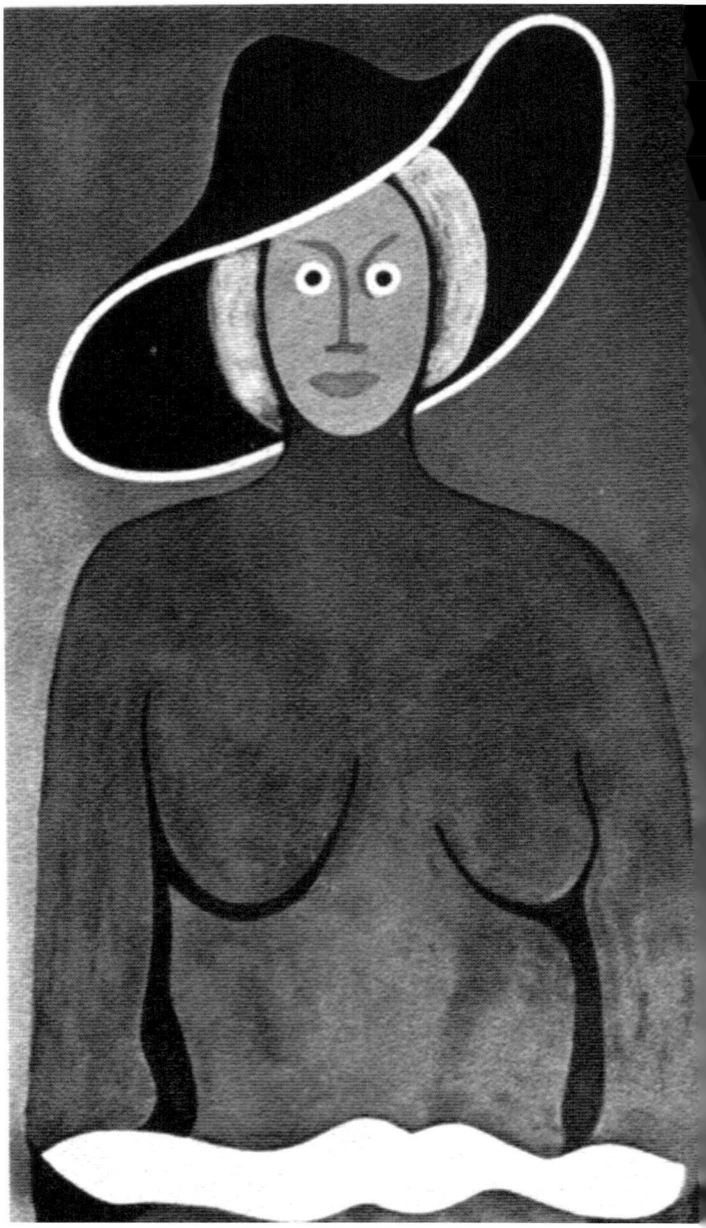

Aida

Domingo García

No es factible la contemplación de la obra de Domingo García sin tener en cuenta sus pensamientos claros sobre estética, psicología, política y un profundo sentido humanístico de la vida. Diremos bien si aseguramos que está entre los pocos pintores de Puerto Rico que tienen su filosofía del arte latente y viva en toda la cosecha pictórica hecha y por gestarse en su inquieto ego de buscador incansable de lo bello.

Para nosotros, estamos ante la presencia de un expresionista muy dinámico aunque él, al comentar sobre su tendencia actual, nos habla con seguro entusiasmo de los elementos barrocos como una "sobria actividad apreciada en la pintura a partir del barroquismo hasta el expresionismo abstracto". Estos elementos lo conmueven y los expone como "dinamismo excesivo". Al referirse al clasicismo afirma que es el "resultado de la fusión de dos tendencias: lo dinámico y lo estático, acción que redunda en el logro máximo de la estética".

El expresionismo ha seguido la labor del impresionismo, desde el punto de vista netamente barroco, en que las "expresiones" resultan ser "impresiones" del mundo interior del que crea la obra artística. Por eso estamos de acuerdo con Cirlot cuando afirma que "el expresionismo es el arte producido por la insurrección desbordante del principio de expresión. Debe entenderse por expresión la emergencia de lo patético, creciendo como obscuro incendio, desde los abismos del ser hasta la superficie de sus actos y de sus manifestaciones."

Domingo García nació en Coamo, pequeño pueblo pintoresco del centro de la isla de Puerto Rico. Niño aún abandonó su isla "un poco después de la Masacre de Ponce...". Su destino fue la macro urbe de Nueva York, lugar donde nuestro artista hace todos sus estudios primarios y superiores. En 1950 se trasladó a Chicago y en el Instituto de Arte de esa gran ciudad logró sus estudios académicos y técnicos que aunados a su dinámico espíritu lo han convertido en el artista de hoy.

Su sueño dorado ha sido el de ser arquitecto y considera su profesión actual como generada por esta condición emocional hacia la plástica. "Soy un arquitecto frustrado" —nos ha dicho. "No tuve la oportunidad de hacerme de esa profesión...".

Volvió definitivamente a su isla en 1957 e inmediatamente inició la creación de su Galería Campeche inaugurada en 1958. Su deseo primigenio ha sido siempre el de orientar y hasta ahora, ha dedicado toda su joven vida a la pintura.

Le dijeron Quijote cuando inició su Galería Campeche. "La primera en San Juan antiguo", nos aclara. "La primera en Puerto Rico fue La Pintadera a quien debemos tanto..." "La Quijotada es muy propia de nosotros los hispánicos. Hoy día la Galería Campeche es la galería más vieja en Puerto Rico." Esta galería ha sido pionera en una serie de actividades culturales de gran significado. En ella se dio el primer concierto de jazz en Puerto Rico. Allí se logró la primera exhibición de desnudos, paisajes de

Puerto Rico, autorretratos, y paisanaje (tipos populares o costumbristas; el individuo dentro del paisaje).

De su galería se siente muy orgulloso y nos asegura haber dado muchas clases gratuitas a personas y jóvenes que no podrían de otra manera desarrollar sus vocaciones en el arte pictórico. La galería tiene un taller de serigrafía adjunto y ha sido un éxito artísticamente, ha comentado García.

Su primera exposición, en plan colectivo, fue en Nueva York en 1953. En San Francisco, California se presentó de igual forma más tarde, y en Puerto Rico, en varias muestras colectivas hechas entre 1955 y 1956: en el Museo de la Universidad de Puerto Rico, en el Ateneo, en el Museo de Ponce, en la Galería Campeche y al aire libre. Su primera presentación individual fue en 1962 en el Instituto de Cultura Puertorriqueña; más tarde en la Casa del Arte en San Juan y en el Museo de la Universidad de Puerto Rico. Se siente orgulloso de nunca haber recibido ningún premio, ni beca, ni medalla por su obra artística. Un detalle simpático en su vida es que tiene "mentalidad de empresario y maestro". "El artista no se puede desvincular del hombre ni de lo que lo rodea. Todo para mí es arte", nos dice. Su admiración por los conocimientos cabales de la historia y de todo cuanto tenga que ver con los orígenes del arte y su proyección en la actualidad, le hacen comentar lo siguiente: "El pasado fue nuestro y aún no lo entendemos a cabalidad. Si no comprendemos el pasado nunca podremos predecir el futuro."

La obra pictórica de este dinámico artista está distribuida en museos, galerías y colecciones privadas de Puerto Rico, Estados Unidos y el extranjero. La calidad de la materia, los bellos trazos, el colorido y la idea latente en cada pieza, han logrado que nuestro artista sea uno de los mejores cotizados en el mercado del arte puertorriqueño.

"Mar con casas" óleo de la colección del Lic. Marcos Ramírez, es una de las obras tratadas por el artista con mayor cariño. En ese lienzo presenta el absurdo de casas pobres metidas en el mar. Representa para el artista la tragedia del arrabal en las costas de Puerto Rico. Esta obra data de 1959 y es una queja del pintor en contra de "hacer literatura con la pintura".

Algunas veces le agrada añadir un toque de fino humor a sus cuadros. "Aida" o la dama azul del gran sombrero, denota esta actitud en una fémina puramente esencial.

Domingo García tiene puesto su actual interés en la nueva inquietud plástica del "Hard Edge" (perfil duro) en el cual las cosas carecen de tercera dimensión, factor típico del arte tradicional. Esta búsqueda está basada en el hecho de que la aportación en el arte reside donde no hay referencias tradicionales. Un buen ejemplo de estas ideas está contenido en su cuadro "La bola roja". Aquí mezcla en un fondo azul intenso, figuras precisas en verde con círculo rojo y punto blanco, todo de calidad muy decorativa.

En el campo de la serigrafía ha hecho mucha labor, destacándose con su bello paisaje urbano de la calle "Tanca" de gran aceptación entre los coleccionistas.

Se presentó hace poco en el Museo de la Universidad de Puerto Rico con gran parte de su obra actual y entre ella su gran mural, "La idea es eterna". A esta obra dedicó, en plan de búsqueda, ocho meses de labor; es el resumen de sus preocupaciones sobre Puerto Rico, a base de formas exactas de color contrapuesto y sobre un vasto fondo azul plano.

"Desnudo blanco" bella composición oblicua de mucha materia y "Hermafrodita", ambos de la colección del Sr. Carlos La Costa, son buenos ejemplos de la obra expresionista de García; sobre todo el último, logrado en ocres, rojos y grises que hacen flotar la psiquis del artista. Fenómeno igual resulta en "El Perro" obra sobresaliente lograda con materia, alma, grises y el negro del animal...

De la colección del Dr. Maldonado Denis sobresale "La Sirena", voluptuoso arabesco lleno de movimiento y gran factura. Donde nos parece no seguir la línea estética anterior es en "Paisaje" de la colección del Lic. Marcos Ramírez. Este bello lienzo nos parece abstraccionista.

Hablando con este inteligente artista hemos descubierto una rara actitud de pensador preciso y tajante. Para él Renoir le "cae muy pesado"; al hablar de los maestros de ayer: "Los demás son muy respetables...". Entre los maestros contemporáneos dice que: "Picasso es grande" y comenta que la Escuela Mexicana es la responsable de una contribución "formidable". Hablando de Puerto Rico se manifiesta diciendo que el futuro del arte aquí está vinculado a la necesidad vital de crear *urgentemente* una "Academia Libre de Artes Plásticas".

Domingo García tiene la doble cualidad de tener una filosofía definida en su creación y el haber logrado una pintura de indiscutible calidad y gran factura. Ama a su tierra entrañablemente y sobre ese amor, ha hecho las siguientes declaraciones: "El problema de Puerto Rico, el más grande, es el de la definición e identificación puertorriqueña... Lo demás es politiquería barata, principalmente cuando se habla de lo cultural, lo económico, lo psicológico y la educación." Comentando sobre sus colegas de la pintura nos dice: "...Hay amigos artistas muy queridos, quienes son liberales en la política y *a veces* sufren de ser reaccionarios en el arte. Los regímenes y las ideologías pasan... Lo que queda son los edificios y la obra de arte...".

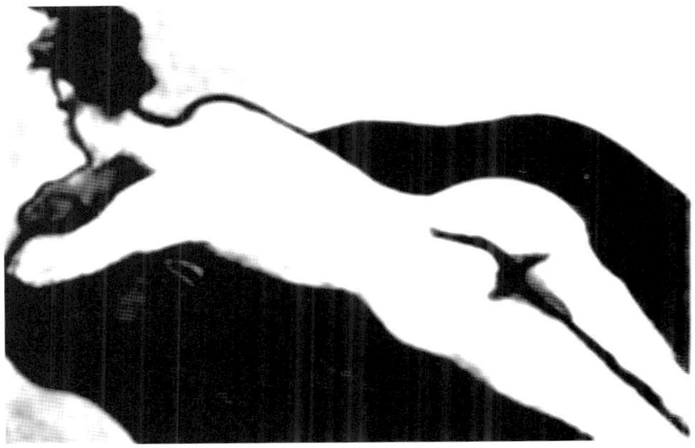

El desnudo blanco

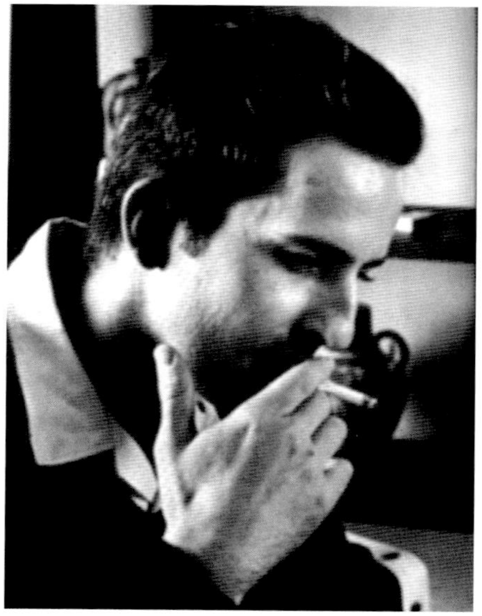

Francisco Rodón

(San Sebastián, 1934) Pintor.

Estudió en la Academia Julien, Francia en 1953. En 1954 asistió a la Academia de San Fernando en Madrid, en 1955 estudió en la Academia La Esmeralda de México y en 1958 asistió al Art Students League de Nueva York. Desde 1968 ha sido pintor residente de la Universidad de Puerto Rico. Exhibiciones individuales: Instituto de Cultura Puertorriqueña en 1961; Museo de la Universidad de Puerto Rico en 1963, 1967, 1970, 1981 y 1983; Museo de Arte de Ponce en 1984 y 1999; Carpenter Center for the Arts, Harvard University; Fundación Praxis, Buenos Aires en 1987 y Museo José Luis Cuevas en Ciudad México en 1995.

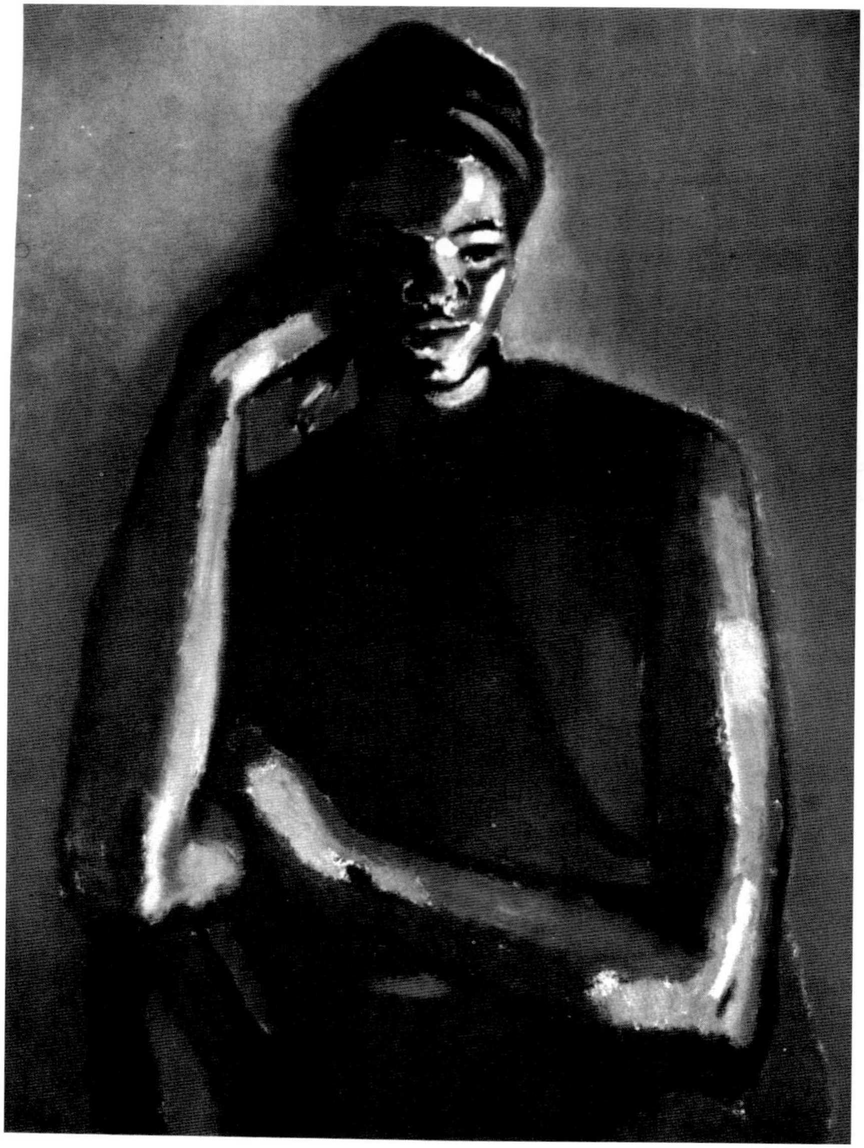

Penélope

El expresionismo de Francisco Rodón

Yo quisiera pintar a los hombres con no sé qué de eterno, de lo cual el nimbo fue símbolo en otros tiempos, y que nosotros buscamos por la irradiación misma, por la vibración de sus coloraciones.

Vincent van Gogh

Proyectado directamente a las realidades de su espíritu poético y consciente de los malestares y angustias de nuestro tiempo, Francisco Rodón es hoy uno de los más destacados valores de la pintura expresionista de Puerto Rico. Treinta años de existencia y diez de ellos dedicados con tenacidad a labrarse el sitial que hoy sostiene con el vigor y temática de su obra abundante, caracterizada por un indiscutible trasfondo transparente de espiritualidad y confeccionada a base de dibujo de gran calidad y con su manejo exquisito del color.

La calidad de su obra estriba en la plasmación a la realidad de una serie de visiones oníricas llenas de gran melancolía envueltas en brumas y ambientes profundísimos, en los cuales se adivinan y descubren sorpresas espirituales y estéticas.

Sus lienzos siempre son mensajes del inquieto espíritu del artista. Mensaje que emplea bellas tonalidades de colores sabiamente sobrepuestos para lograr claroscuros, transparencias, profundidades e inclusive sonidos plásticos. Todo ello enmarcado en el uso del negro, de ese anticolor tan poderoso, tan dominante y tan difícil de usar en la buena pintura. Su obra es netamente intelectual, con gran raíz en lo psicológico y con el ingrediente de gran pintura.

En el pintoresco pueblo de San Sebastián, al oeste de la isla, nació en 1934 nuestro artista. Logró sus estudios de escuela superior en Río Piedras, área del gran San Juan metropolitano. En su primera juventud visita la República de México y en su Distrito Federal, admira el gran movimiento mexicano en el arte pictórico. Más tarde, en plan de contemplador, viaja a Europa. En París y Madrid obtiene grandes mensajes: Le Louvre, El Prado, los grandes maestros, los artistas europeos contemporáneos y las galerías vivas...

A pesar de su interés general por el arte, manifestado desde muy joven, a pesar de su deseo de ser cantante o actor en sus años de jovencito, su vocación hacia la pintura se le manifiesta un día en Nueva York, lugar donde lo enviara su progenitor. Había ya muerto su señora madre; se encontraba el joven muy solo frente al mundo en esa macro urbe; se autoanalizaba y se contemplaba inútil; sin haber hecho *nada*; frente al futuro... con veinte años y... *nada*. Un gran terror lo dominó, lo desesperó y de allí en adelante se realizó el cambio hacia la creación; hacia su poética y plástica obra. Seguidamente se matriculó en el *Art Students League* de Nueva York en 1956 donde estudió bajo la tutela del maestro Howard Trafton. En la Babel de hierro, se familiarizó con los grandes museos, las galerías y los artistas y al fin volvió a Puerto Rico, donde inicialmente trabajó en los talleres del Instituto de Cultura Puertorriqueña.

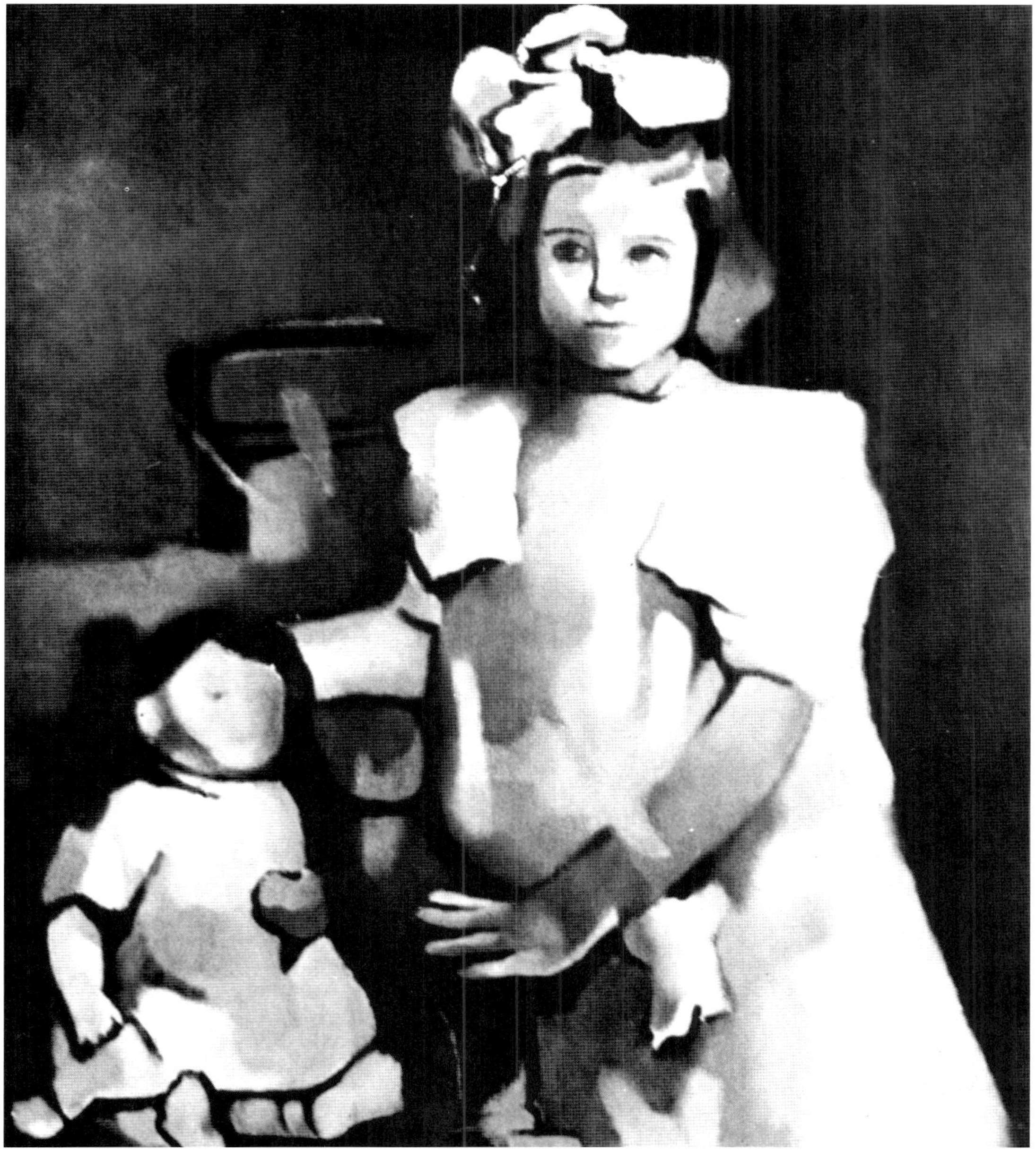

La muerte de Inés

En 1961 entra a formar parte del personal del Museo de la Universidad de Puerto Rico. Actualmente (1965) es el Director de la Sala de exposiciones de ese museo y actúa como maestro de óleo del Departamento de Bellas Artes de esa Universidad.

Su abundante producción se ha expuesto en el Museo de la Universidad, en el Instituto de Cultura Puertorriqueña, en el Ateneo Puertorriqueño, en la Casa del Arte, etc... en plan colectivo, y en plan individual, en 1960, en el Instituto de Cultura Puertorriqueña y en 1963, en el Museo de la U.P.R.

Las colecciones privadas guardan con celo la obra de Rodón: Museo de Ponce, Colección Witty de Nueva York, Colección Singer de Nueva York, Dr. Ángel Miranda, Lic. Abraham Díaz González, Ing. Pedro Miranda, Sr. Roberto Bouret, etc...

Entre los premios que ostenta están: Primer Premio para óleos del Festival de Navidad del Ateneo de 1960, con el cuadro "Pastoral 11"; Primer Premio por su óleo "Nocturno en Las Croabas" del concurso de la Primera Exposición y Venta Anual de Arte en San Juan de 1961; Segundo Premio del Festival de Navidad del Ateneo de 1961 por el óleo "Naturaleza muerta en Azul"; Primer Premio por el óleo "Penélope" en el Festival de Navidad del Ateneo Puertorriqueño de 1962.

Para Francisco Rodón, Rembrandt van Rijn es el gran maestro. Paul Cézanne no ha sido de su predilección y prefiere en ese grupo a Vincent van Gogh. Entre los maestros vivos, admira la obra de Pablo Picasso, la de Rufino Tamayo y la del maestro Beacon.

Entre la gran cantidad de piezas producidas por el artista, se destacan por lo dinámico "El flautista," propiedad del Dr. Ángel Miranda de New York; "Cielo rojo" óleo altamente decorativo propiedad del Dr. Tur y "Dama decadente" propiedad del Sr. Carlos Conde. La serie llamada de Penélope, es de gran importancia plástica. En esos dos cuadros, "Penélope" y "Penélope y el gallo", se muestra a la modelo desnuda pintada con magníficas tonalidades de oro, ocres, rojos, grises y azules. La piel dorada del primer cuadro es un canto a la vida. Este cuadro fue logrado en una sola noche. En el segundo hay optimismo y alegría de vivir. En su dibujo "René Marqués", retrato del dramaturgo, se demuestra su calidad de dibujante y en "Naturaleza muerta con aguacate" hay calidades tridimensionales.

La obra cumbre del artista es, en nuestro concepto, ese par de óleos dedicados a la memoria de su madre: "Inés en su infancia" y "La muerte de Inés". Ambos lienzos tratados al óleo han sido inspirados en una vieja postal desteñida que data de 1913, mostrando a una niña vestida a la manera de la época al lado de una muñeca. En el primero hay vida, atmósfera cálida, un sillón con cálidos marrones rojizos, una muñeca con ojos abiertos y en todo el cuadro se respira vida. En el segundo, la temática se repite en composición y figuras, mas... es monocromático. Hay en él gran nostalgia y tristeza; los grises, olivas y cremas, dan al cuadro un trasunto ectoplásmico, de transparencia y vacío... La niña allí está definitivamente muerta... La realización cierra un capítulo en la vida del artista, es: "La reconciliación personal entre recuerdos y equilibrio emocional..." El péndulo de los recuerdos, represiones, vivencias y experiencias del artista se movió desde "La infancia de Inés," siempre hacia delante, hasta un clímax y ahora ha vuelto hasta "La muerte de Inés" donde la muñeca ha perdido sus ojos en el olvido, en pos de la realidad, del hecho consumado, del alivio sedativo... El celuloide desteñido queda ahora con el simple valor del documento escueto e informativo.

Francisco Rodón seguirá haciendo gran trabajo en la pintura de Puerto Rico. Su manera de hacer poesía pintada, logrará obras prestigiosas en el ámbito artístico insular y del continente americano. Su constante afán de superación hace prever esta profecía... El artista nos ha dicho: "Estoy buscando otra forma de expresión aparte del retrato, aunque la figura humana tiene recursos extraordinarios...".

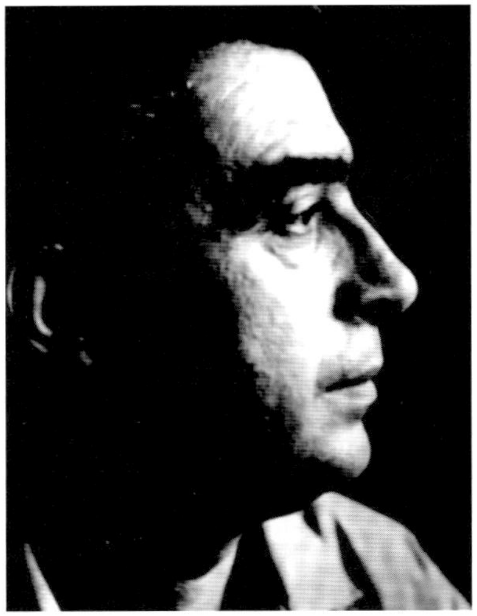

José Iranzo

(Valencia, España, 1916 - San Juan, 1993) Escenógrafo, grabador y restaurador. Estudió en la Escuela Superior de Pintura San Carlos en Valencia, España. Se radicó en Puerto Rico en 1960 donde permaneció hasta su muerte. Participó en importantes exhibiciones colectivas, entre ellas: exposición de gráfica puertorriqueña en el Instituto de Cultura Puertorriqueña en 1963; exposición colectiva de grabado puertorriqueño en la Galería Colibrí en 1963 y 1964; Segunda muestra de pintura y escultura puertorriqueña del I.C.P. en 1978; La xilografía en Puerto Rico en el Museo de la Universidad de Puerto Rico en 1986.

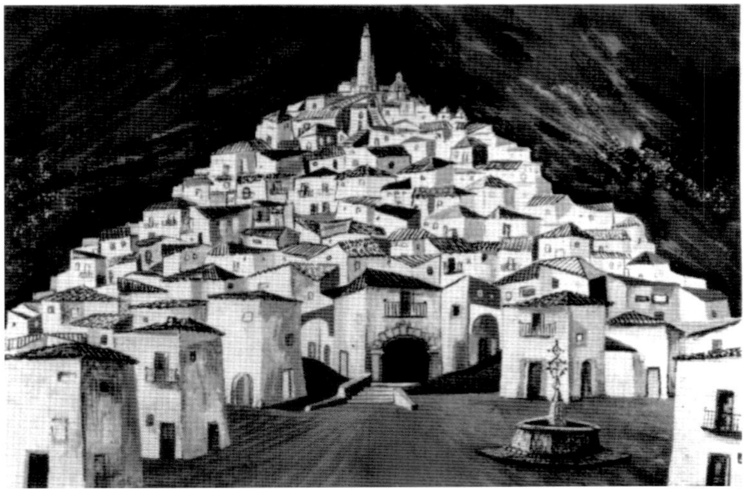

Escenario para Fuenteovejuna

José Iranzo: Escenógrafo y maestro de artesanía

Una de las más bellas manifestaciones del arte es la creación y ejecución de la escenografía. El buen teatro y la danza no consiguen su óptimo mensaje si no contienen la labor del escenógrafo, quien es artífice del color, la luz y las masas tridimensionales nacidas a propósito de la obra escrita, del conocimiento de la literatura y de un profundo concepto estético. El escenógrafo es en su base escultor, es pintor, es sociólogo y por origen, poeta.

A propósito del renacimiento teatral de Puerto Rico y por interesarnos todo lo relativo al arte, presentamos hoy a un escenógrafo y gran artífice, que ha mostrado su labor en varios países y que hoy labora en esta isla con éxito.

José M. Iranzo, español de Valencia ha mostrado internacionalmente su arte lleno de belleza y sensibilidad. Estudió arte en la Academia San Carlos de Valencia. Sus distinguidos maestros fueron Manuel Beltrán, escultor –medalla nacional–, Genaro Lahuerta, pintor –medalla nacional– y el eminente grabador don José Furió.

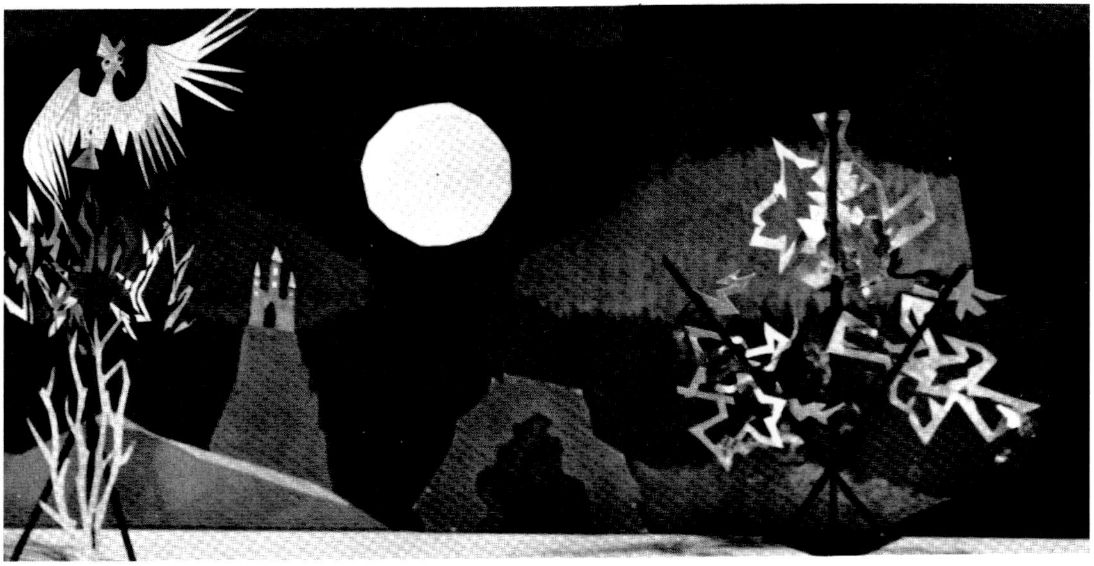

Escenario para La muerte del rey Marfán

En sus años de joven, trabajó en las oficinas de las "Regiones Devastadas" de la post-guerra civil de España construyendo bellas maquetas de pueblos y monumentos históricos en compañía de sus hermanos Manuel y Juan. Este maravilloso trío de artesanos viajó más tarde a Santo Domingo para hacer labor de especialistas constructores de maquetas. Allí José logró obras importantes en la pintura y la publicidad durante cinco años.

Desde Santo Domingo, los hermanos Iranzo vinieron a Puerto Rico donde han realizado importantes maquetas para el Instituto de Cultura y para numerosos arquitectos.

José M. Iranzo se inició como escenógrafo en Valencia en una peña literaria de café llamada La bicicleta voladora. La peña creó un grupo teatral llamado El paraíso; o sea, "la galería", "el gallinero" (último piso de los teatros). Su estreno fue la escenografía de la obra de Ruiz Ravello *Al día siguiente*. Luego, *Las palabras en la arena* de Buero Vallejo. Montó escenarios para *La soledad* de Unamuno, *La llama viva* de Steinbeck y otras para el autor Capdevilla.

En Santo Domingo montó varias obras entre las que se destacan las de García Lorca, *La casa de Bernarda Alba*, *Don Gil*, etc...

De lo realizado en Puerto Rico recuerda con cariño la obra de Eduardo Ordóñez *Aquella luz primera*; *El Cocktail de Don Nadie* de Francisco Arriví y *Fuenteovejuna* de Lope de Vega, etc...

Este versátil, talentoso artista y artesano deambula con éxito entre sus preocupaciones en torno a la arquitectura con sus maquetas, con la escenografía, con la luz, los volúmenes y el color. Su formación europea, su sensibilidad de artista total y sus manos maravillosas de artesano lo hacen un verdadero hombre del Renacimiento: escenógrafo, escultor, pintor, grabador, maquetista y caballero.

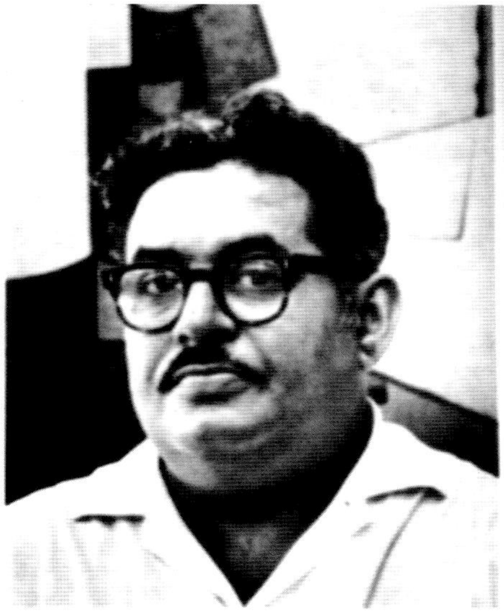

Manuel Hernández Acevedo
(Aguas Buenas, 1921-1988) Pintor y grabador. Artista autodidacta. En 1949 estuvo bajo la tutela de Francisco Palacios y de Irene Delano en la Unidad de Gráfica de Parques y Recreos Públicos. De 1949 a 1977 se desempeñó como artista gráfico de la División de Educación de la Comunidad. Sus exhibiciones individuales incluyen: Ateneo Puertorriqueño en 1953; Instituto de Cultura Puertorriqueña en 1959; Museo del Grabado Latinoamericano, San Juan en 1981; Galería Calibán, San Juan en 1985.

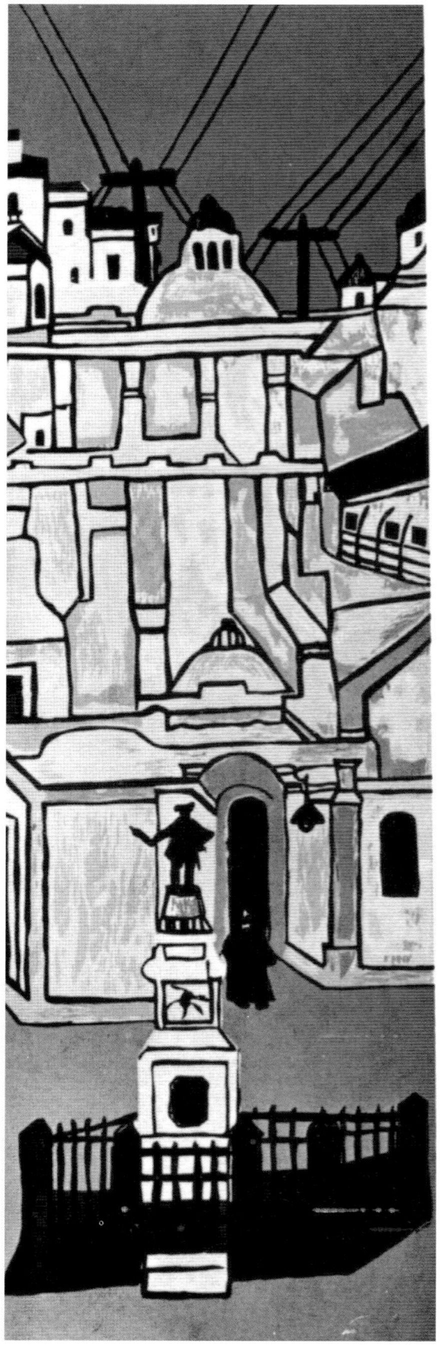

Iglesia

Manuel Hernández Acevedo: intérprete del primitivismo

Mientras antes se consideraban como pueblos primitivos aquellos cuya cultura presentaba aparentemente los caracteres de la mayor simplicidad, hoy se admite que la cultura primitiva puede ser tanto o más complicada que la civilizada.

Ferrater Mora

En el marco poético y primitivo del Viejo San Juan trabaja Manuel Hernández Acevedo, clasificado por la crítica unánime como uno de los más importantes intérpretes del primitivismo en la pintura de Puerto Rico.

La interesante personalidad de este laborioso pintor subyuga. Su simplicidad de hombre de pueblo, auténtico, su transparente conversación y la humildad con que presenta su colorida y espectacular obra, hacen de este artista un personaje de alta calidad humana.

De origen humilde y después de haber logrado orgullosamente los sencillos oficios de zapatero y cocinero; su afán por las cosas bellas, por el color, por la luz, lo llevan poco a poco a expresarse en el arte.

No importan sus dieciséis hijos habidos en dos matrimonios, ni el afán y trabajo constante por dotar a esos productos de su ser de alimentos, comodidades y educación. No importan los desvelos y preocupaciones de hombre pobre, para que siga el llamado de su arte y se exprese sin temor, con dignidad y honradez.

Muchas veces se ha dicho que en el área del Caribe (en la República de Haití) florecían con más vigor los pintores de tendencia primitivista. Es correcto que esta colorida república de habla francesa haya producido magníficos ejemplos, pero es correcto también que esa virtud espontánea prolifera al igual en otros lugares del *marenostrum* de América. Ejemplo de esto lo es la obra de Hernández Acevedo, el más sobresaliente pintor primitivista de Puerto Rico.

El nacimiento al arte y el descubrimiento de este artista ocurre en 1947. Era ayudante de un rotulista y buscando oportunidades de trabajo mejores se dirigió a la original oficina de la Educación de la Comunidad y allí fue admitido como ayudante del taller de pintura por la distinguida artista e intelectual norteamericana, doña Irene Delano. En tal ambiente aprendía a trabajar con bastidores de seda y por orden de Irene Delano hacía dibujos "libres". Entre ellos, un paisaje rural que delató ante los ojos de su jefe y los del fotógrafo de esa oficina, Sr. Roskam, las profundas aptitudes primitivas de este pintor.

Interesado en seguir pintando lo que veía, recibió como regalo del Sr. Roskam una plancha de *masonite* donde pacientemente se dedicó a pintar una de sus obras más importantes, "La parada". Para producir esta magistral obra, espontánea del primitivismo genuino, empleó tres pacientes meses. La pintura de grandes proporciones, recoge todos los personajes de una parada frente al Capitolio. Incluye a participantes, espectadores, carrozas adornadas, carteristas, banderas, vendedores de refrescos, policías, perros, aviones en el aire; en fin, detalles increíbles tratados con ingenuidad extraordinaria: los ojos de las personas, los adoquines del pavimento de la calle, las hojas de los árboles...

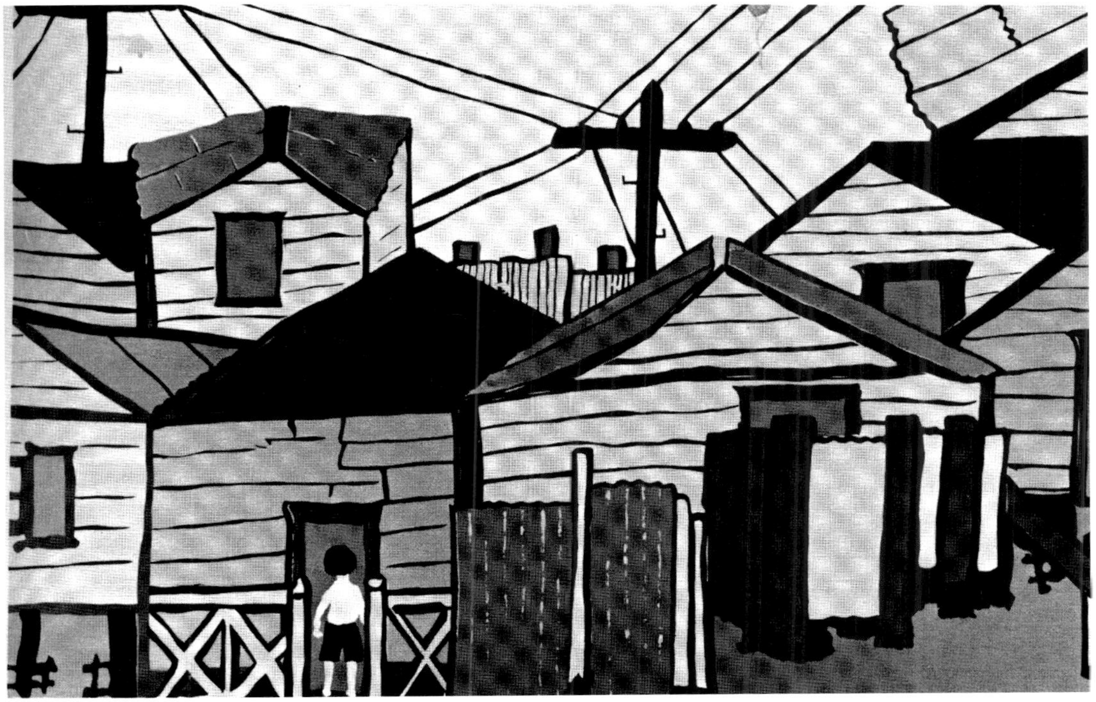

Alumbrado en arraba

Esta obra lo colocó inmediatamente entre los autores de arte de la isla. Complacido por el éxito, descubre a otros pintores y admira al maestro "abstraccionista" Julio Rosado del Valle. Participa en varias muestras colectivas y este nuevo mundo lo entusiasma para seguir con su arte.

Otra pintura de gran tamaño aparece con colores increíbles. Se trata de "Fuego en la Perla". Aquí detalla el fuego, las murallas del Viejo San Juan, los habitantes del arrabal en desgracia, la humanidad adolorida... Esta pintura también está hecha sobre *masonite*.

Con el transcurrir del tiempo se convierte en un gran maestro del arte y la técnica de la serigrafía, procedimiento en el cual logra maravillas. Con esta técnica produce esa pieza maestra que es "La plaza San José". Tal serigrafía es una de sus obras *naive* de mayor importancia. Como amante del paisaje urbano presenta la vieja plaza con la iglesia, turistas tomando fotos, niños jugando, la estatua de Ponce de León y un bello cielo sanjuanero de vibrante azul plano.

El encanto del casco del Viejo San Juan ha sido mostrado por su profusa obra al igual que los arrabales, destacándose en su labor el llamado portafolio de "El Fanguito".

Como grabador y autor de carteles ha recibido buen tratamiento de la crítica. Sus trazos definitivos, sus figuras y la honestidad del color, lo han consagrado.

En la actualidad trabaja como jefe del taller de serigrafía de la oficina de Educación de la Comunidad bajo el Departamento de Instrucción Pública. Desde este sitial sigue produciendo una gran obra durante su acción diaria para el Estado y en sus tiempos libres, sigue pintando y creando más poesía gráfica.

En las manos, los ojos y el espíritu de Manuel Hernández Acevedo quedarán inmortalizados los edificios, los rincones urbanos, las capillas, los altares, las cúpulas, las calles y callejones desconocidos del Viejo San Juan. Este artista sencillo y honesto en su arte, como el alma del pueblo de donde ha emergido, plasma los arrabales y el espíritu humilde de sus hermanos con la misma ingenuidad, gracia y colorido del poeta espontáneo que goza con la luz y llora con el dolor de sus hermanos.

El arte primitivo de Francia presentó a J. J. Rousseau a la contemplación del mundo y hoy, Puerto Rico presenta al más genuino representante del arte primitivo pictórico de Borinquen: Manuel Hernández Acevedo.

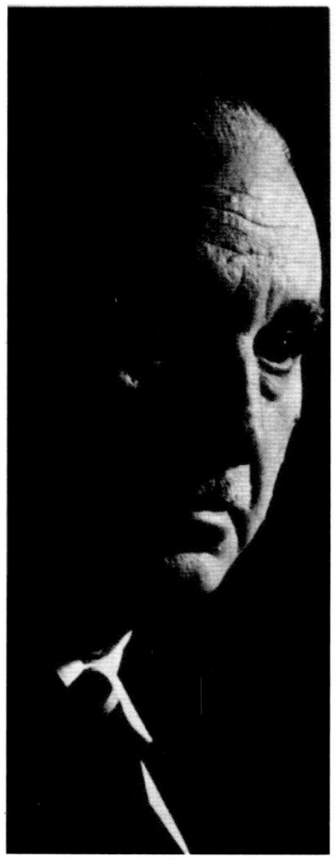

José R. Oliver
(Arecibo, 1901-San Juan, 1979)
Pintor. Doctor en Química, estudios en pintura y dibujo en España. Fue profesor de la Escuela de Artes Plásticas de Puerto Rico de 1957 hasta 1975. Obtuvo premios del Ateneo Puertorriqueño en 1953 y 1955 y en 1961, la Segunda Medalla del Instituto de Cultura Puertorriqueña. Exhibió individualmente en La Casa del Arte, San Juan en 1963 y en el Instituto de Cultura Puertorriqueña en 1964.

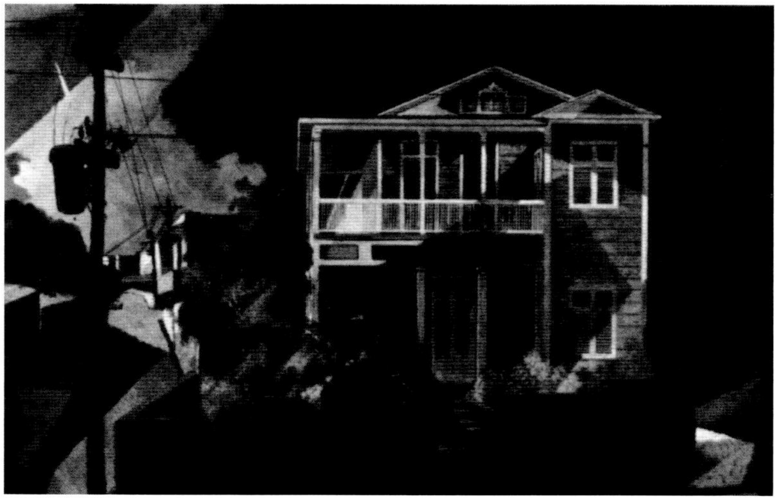

Parque 213

El dinamismo pictórico de José R. Oliver

Tout tracé, toute projection représentant, ces corps isolés ou combinés necessitera le partage initial d'un segment suivant la section dorée.

Matila C. Ghyka, *Le Nombre D'Or. Les Rythmes*

La pintura pletórica de juventud del Dr. José R. Oliver plasma hoy la personalidad dual y rara del artista testigo de su tiempo con la del científico al día con su técnica y conocimientos exactos.

Bien podemos decir que la pintura de este artista y químico ha tenido dos etapas completamente diferentes, separadas y hasta antagónicas. En su origen artístico estudió las disciplinas clásicas. Logró una *Pietá* a tres cuartos de su tamaño original con maestría. Luego se mueve en el movimiento impresionista catalán y más tarde el cubismo lo atrae vigorosamente. Su pintura actual es la síntesis de experiencias espirituales, plásticas y científicas vividas en una prolífica y larga vida de artista y científico.

El Dr. Oliver nació en la ciudad de Arecibo en 1901. Cuando contaba ocho años inició su carrera como pintor en manos de la ilustre dama puertorriqueña Dra. María Cadilla de Martínez. Seguidamente marchó a la España catalana para hacer estudios primarios y universitarios alternados con el dibujo y la pintura. En 1923 volvió a la Isla para retornar nuevamente a Barcelona en 1926.

Con los padres Escolapios de Sarriá y con la universidad se formó como profesional de la química pero sus visitas al taller del maestro Félix Mestres y al del escultor Juan Antonio Parera, hicieron gran huella en su ego artístico. En el periodo de 1923 al 1926, ya casado, actuó como fitopatólogo de la Central Cambalache. A su vuelta en 1926 a España, pintó en los talleres de Maifren, Carlos Vázquez y otros. En 1928, expuso en las Galerías Layetanas de Barcelona con Enrique Ochoa y el escultor Benedito. En 1936 volvió a Puerto Rico por causa de la Guerra Civil Española. Aquí hay un paréntesis en la actividad del artista hasta 1955. En este lapso se dedicó a la química de los licores para la Puerto Rico Distilling Co. En Arecibo fundó un taller y academia de pintura y puso al artista Oscar Colón al frente de ella.

El impacto que logró el cambio del artista fue la contemplación de la obra de los "jóvenes": el Centro de Arte Puertorriqueño (Tufiño, Homar, Rosado del Valle, Maldonado, etc.). Entonces deseó "rejuvenecerse", buscó, buscó y logró su técnica e ideario actual.

En 1950 inició la segmentación de sus lienzos a la manera cubista aplicando las reglas de la proporción dorada, tal como lo han hecho los grandes maestros de hoy y de ayer. Como einsteiniano de trasunto cubista, opina que la cuarta ordenada del espacio —el tiempo— es vital en la creación artística. Se propone ver el mismo objeto desde diferentes puntos de vista y momentos: al unísono de día, de noche, al amanecer. Presenta la flora con la exuberancia del sol y la tranquilidad nocturna.

Cuando tratábamos de asomarnos al luminoso y policromado espíritu del artista, con ese maravilloso don del caballero culto y pensador profundo, nos dijo: "Hay en este modo de pintar reminiscencias de mis primeros pasos, libre ya de aquellos buenos maestros del colegio; modesto y de momento estéril grito de rebeldía".

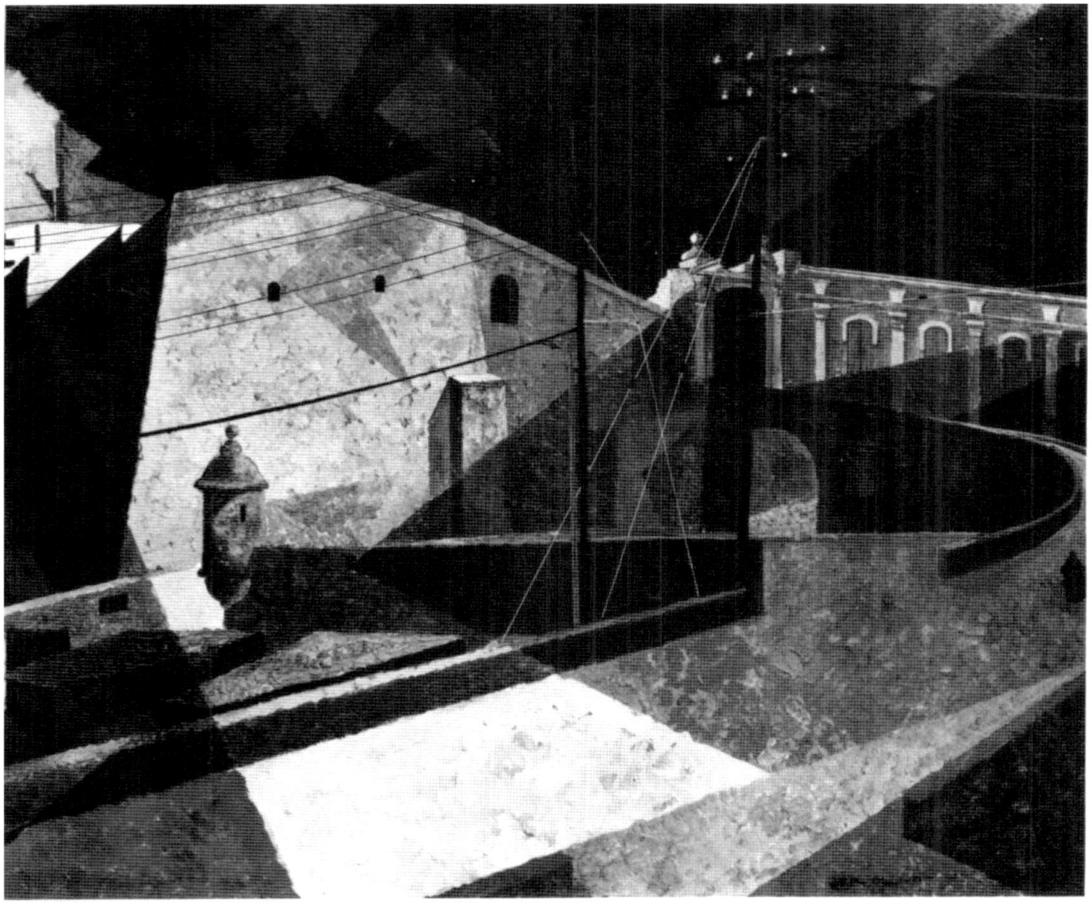

San Cristóbal No. 7

"Hacia el 1921 vi cosas de Juan Gris y lo imité hasta el plagio. De momento creí que era movimiento de entusiasmo... y hoy, cerca de medio siglo después, creo que fue más el disparo de una válvula de escape que el fruto prematuro de un entusiasmo. Dejó sin embargo un recuerdo escondido que hacia el 1948 empezó a salir de su escondrijo y en esa forma se ha ido plasmando en el afán perdonable de 'rejuvenecer'."

"Claro, es que juegan otros factores que en síntesis son:

1. Una natural disciplina y respeto a los genios y maestros cultores de la regla de oro.
2. Del mismo modo que cuando Einstein siente el espacio tetra-dimensional y los cubistas introducen esa cuarta dimensión —el tiempo— en su pintura, yo uso de este "tiempo" aunque en forma distinta: pretendo que en cada pintura mía haya luz de todas las horas del día y de la noche, todo el "tiempo" del diario trajinar.
3. Pretendo también que la estructura interna de mis cuadros no esté oculta: quiero que se vea como las nervaturas y arquitrabes góticos o las vigas y columnas de la arquitectura funcional contemporánea.
4. También sabemos hoy que la luz, forma nuclear de la energía, está sujeta a la acción de campos electromagnéticos y por eso la quiebro y desvío cuando y como me conviene, aun en ángulos violentos.
5. Enamorado del color de Boriquén, todo lo dicho es una excusa "razonable" para usar la paleta con todos los colores y valores posibles dentro del naturalismo formal y el constructivismo esencial. No importa el color o el valor que sea, en algún rincón de su tierra, aire, mar o cielo, allí estará.

6. Siguiendo a Jung y H. Reed todo esto es simplemente la consecuencia natural del predominio de la actividad mental del pensamiento extrovertido, el factor de compensación y la intuición introvertida. En un medio ambiente local, que prescindiendo de los factores políticos, económicos y sociales (cuya influencia es innegable) en la década del 1940, es la Universidad la que da preponderancia a las artes plásticas y abre nuevos caminos; funciona el *American Artist Professional League*, sigue y aumenta su actividad el Ateneo y a mitad del siglo, de la División de Educación de la Comunidad del Departamento de Instrucción Pública, brota —y a la que luego revierte— el grupo de jóvenes artistas que desde el Centro de Arte Puertorriqueño fueron un acicate para la renovación, un resorte que venció la inercia de los que creíamos que era tan legítima la revisión de nuestros principios, como el permanecer inamovibles en el punto logrado después de largos años de experiencia."

El Artista José R. Oliver ha sido galardonado con varios premios por su abundante obra. El Instituto de Cultura Puertorriqueña, el Ateneo y otras instituciones lo han premiado. Como muralista ha hecho grandes aportaciones en edificios gubernamentales y privados.

Contemplando la obra luminosa del Dr. Oliver, nos sentimos arrastrados a meditar sobre ese mundo extrañamente bello donde, en un instante, podemos vivir esa intangible maravilla del espacio supeditado al tiempo. La combinación feliz del artista sensible y del científico inteligente, han logrado para la pintura de Boriquén, un elemento nuevo, un verdadero aporte intelectual.

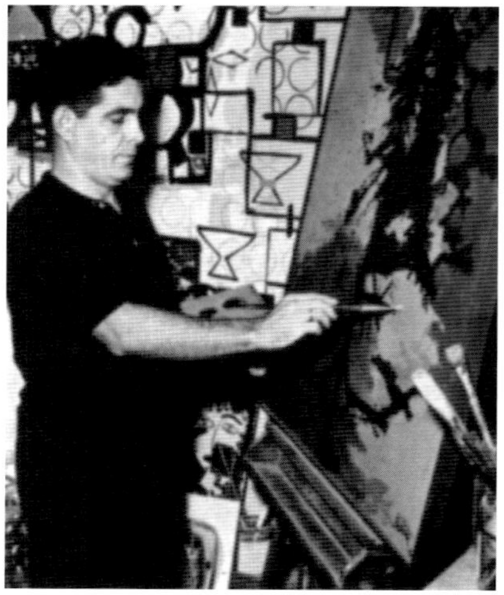

Antonio Molina

(Santi-Spiritus, Cuba 1928) Pintor y crítico de arte. Estudió en la Universidad de La Habana y en el Liceum de La Habana, Cuba. Se estableció en Puerto Rico en 1962. Sus exhibiciones individuales incluyen: Palacio de los Deportes de La Habana en 1959; Las Damas Isabelinas, La Habana en 1960; Asociación Puertorriqueña de Artistas Gráficos, Nueva York en 1965; Embajada Alemana en la República Dominicana en 1966; Universidad de Halifax, Canadá en 1967; Museo de Arte Moderno de Miami en 1968. Universidad del Sagrado Corazón, San Juan en 1972; Noveau Gallery y Biblioteca Carnegie en San Juan, en 2000; Triple-S, San Juan en 2001.

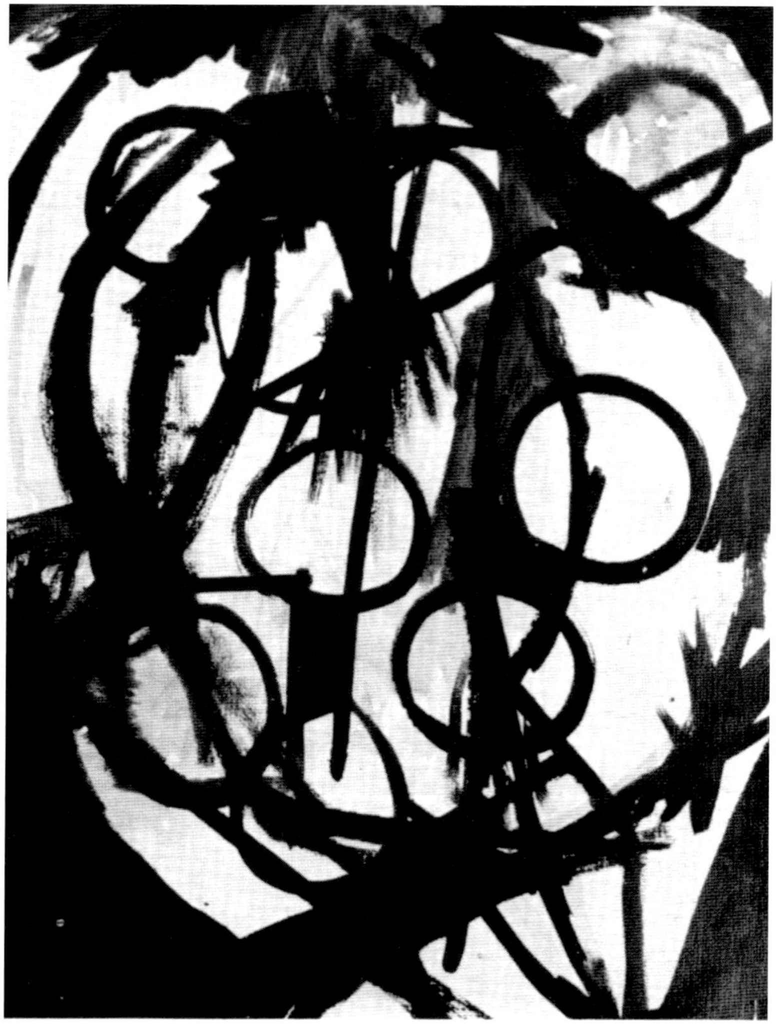

Formas concisas en busca del infinito

Antonio Molina y los espacios oníricos

"Tout art est une leçon pour ses dieux."

André Malraux, *Les voix du silence.*

El raro fenómeno del artista y del crítico de arte se plasma equilibradamente en la persona de Antonio Molina. Por intelectual auténtico, por periodista consagrado y por humanista dedicado, resulta su calidad en la crítica del arte. Por soñador profundo, por esteta nato, por observador infatigable y por autocrítico severísimo, resulta el gran pintor que es.

Su arte, de sensibilidad y búsqueda renovada día a día, contiene el ingrediente de lo profundamente intelectual, donde participan las temáticas del equilibrio cromático y morfológico dentro de la avasalladora dimensión del espacio.

Antonio Molina tiene la virtud de la honestidad en la práctica de su arte. Cree en lo que hace con todo su inquieto espíritu. Esa certeza de lo correcto y de la autocrítica lo hacen superarse continuamente: "Estaba contento anoche con mi trabajo. Ya hoy quiero hacerlo mejor. Eso me pasa siempre." El artista nunca "llega", su vida es búsqueda, camino, experiencias, labor continua, sincera y agradecida a Dios por poder crear. Los artistas que creen que "han llegado" merecen lástima. Estas palabras de Antonio Molina retratan su "yo" en el mundo y en el arte actual.

En el campo del "abstraccionismo" desarrolla su arte que es de conocimiento internacional. Sus obras son espaciales por lo susceptible de abarcar profundidades insospechadas, creadas por veladuras, transparencias y nebulosas que se interceptan cromáticamente en planos que obsesionan hasta el vértigo. Así se multiplican las distancias interiores de sus lienzos, hasta lograr extremos increíbles.

De esta manera, bien diríamos si afirmamos que su obra tiene similitud polifónica, ya que logra aumento en el contenido infinito de sus espacios, algunas veces temporales y otras intangibles, tal como lo logra la música. Hay en su obra acordes concretos y disonancias dodecafonales —búsqueda y logro— en el espacio infinito y también perecedero. Todo su propósito es la búsqueda de la belleza para el disfrute del espíritu.

Molina nació para el arte en Sancti-Spiritus, ciudad de la inmortal Cuba. Realizó estudios en el Colegio de La Salle de su ciudad natal, en la Universidad de La Habana y en la Universidad de Puerto Rico. Su obra ha sido expuesta en La Habana; en la Unión Panamericana de Washington, D.C.; en Miami, Florida; en Bonn, Alemania; en Roma, Italia; en Nueva York, E.U.A; en Santo Domingo, República Dominicana; en Berna, Suiza; en Canadá, y en las universidades, centros culturales, ayuntamientos, galerías y museos de Puerto Rico. Sus obras están distribuidas en colecciones y museos de muchos ámbitos geográficos internacionales y de él

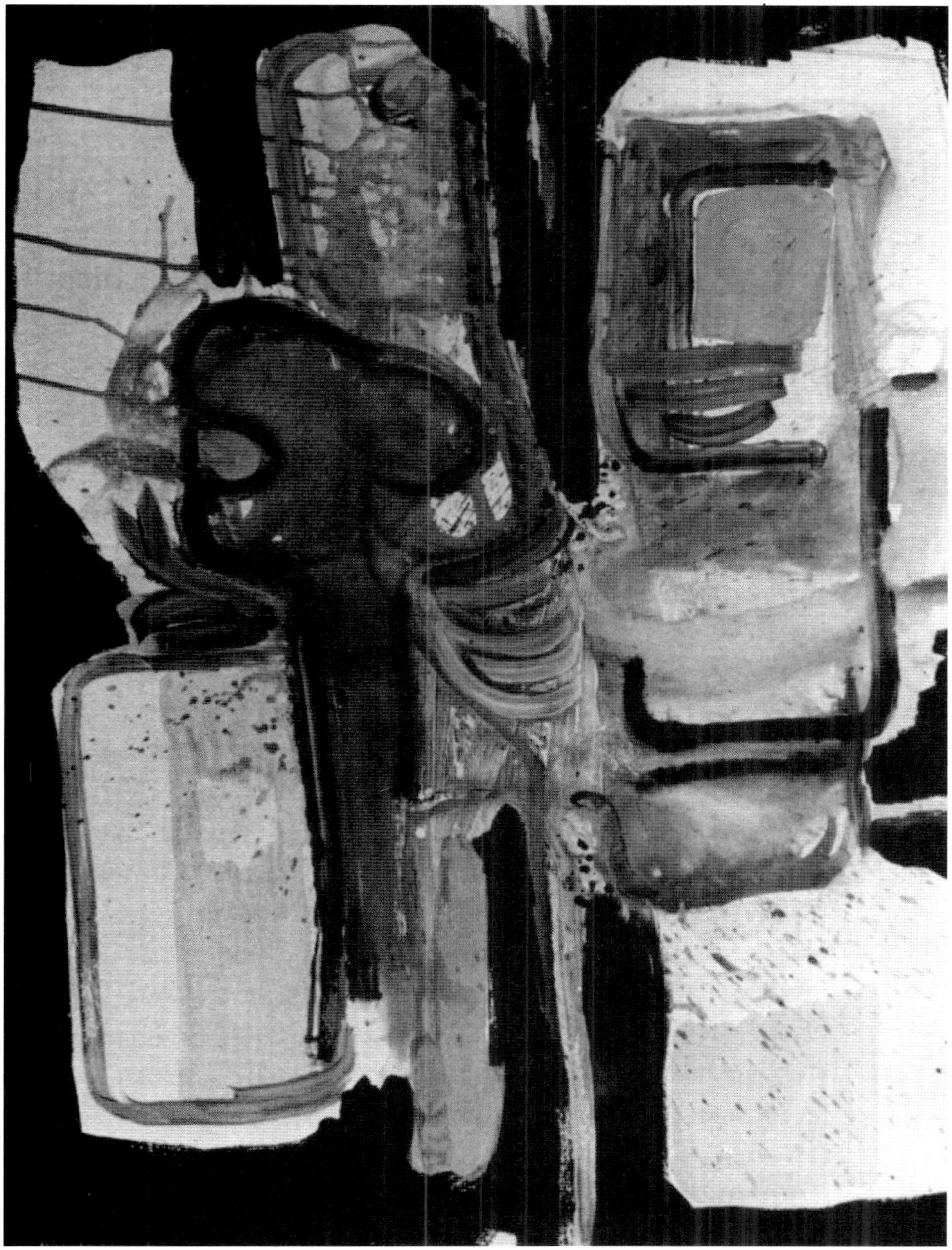

Retrato de familia

han hecho elogio, por su calidad pictórica, distinguidos críticos de nuestra América y Europa.

En Puerto Rico ha hecho una labor maravillosa al respaldar los movimientos culturales, como consejero de jóvenes en el arte, como periodista preocupado por divulgar los valores de la isla y como crítico sincero, objetivo, imparcial y honesto. Nada hay más edificante que el reconocer los valores de los que hacen, los que logran y los que laboran por la gloria de esta tierra. Y Antonio Molina ha hecho mucho por Puerto Rico como crítico y como periodista. Su palabra ética, en lo sonoro y en lo escrito, se ha hecho patente en congresos internacionales donde ha representado dignamente a Borinquen.

El habitat del artista es una casa acogedora dentro del ambiente intelectual moderno. Convive con sus "recuerdos": piezas arqueológicas de nuestra América, libros modernos y antiguos, poesías de hoy, retratos con personajes famosos y sobre todo, con sus pinturas y demás obras. Este fascinante ambiente de creación total, lo equilibra la presencia plácida de su bella esposa Julia.

La presencia de Molina en Puerto Rico es notoria en lo positivo. Participa como miembro del grupo cooperativo de artistas "Borinquen 12" que agrupa artistas locales de gran prestigio y calidad. Es conferenciante, militante del periodismo católico y promotor de obras sociales dignas.

Ama el "maravilloso mundo" en que vive. En los artistas admira "la sinceridad" de sus obras. Lo más negativo en un pintor es para él: "la pedantería y el querer parecer un tipo de otro planeta". No aboliría ninguna palabra de nuestro idioma. "Todas son útiles. Lo que hay que abolir son los hechos: la intolerancia, la miseria, el destierro, la guerra, la tristeza, el silencio. El silencio ante la injusticia, el silencio-cómplice de hombres y naciones, de artistas y periodistas, de gobernantes y clérigos ante la discriminación y la iniquidad".

Este es Antonio Molina, pintor, intelectual, periodista y hombre, sirviendo al ser humano, a Cuba, a Puerto Rico, a Indoamérica y al mundo.

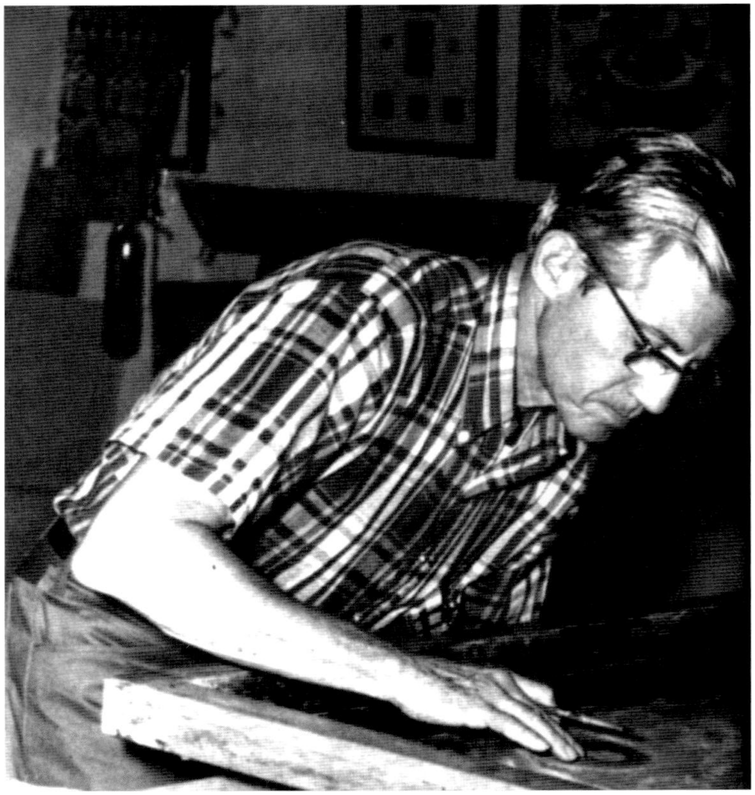

Lorenzo Homar en su taller de trabajo.

El arte del maestro Homar

El arte es representación. La ciencia es explicación de la misma realidad.
Herbert Read

En un gran mural que labora hoy Lorenzo Homar con lozas de cerámica para una escuela pública de Hato Rey aparece este pensamiento de Herbert Read.

La filosofía de tal sentencia, seleccionada por el artista para formar parte de la temática casi abstracta del mural, describe claramente la profundidad intelectual del creador de esta pieza de arte que es de por sí, mensaje educativo.

Siempre hemos admirado la indiscutible calidad humana e intelectual de Lorenzo Homar, quien es el maestro de los grabadores de Puerto Rico. La obra del artista ha hecho historia positiva dentro de las artes puertorriqueñas. Su nombre no sólo prestigia la creatividad del boricua dentro de su ínsula sino que logra grandes dimensiones de fama para nuestro país en el ámbito internacional. Bien se le conoce y por él, a su patria, en Europa, América Latina y los Estados Unidos. Su obra magistral es altamente estimada por los conocedores del arte internacional y su filosofía creativa es respetada y admirada por distinguidos pensadores contemporáneos y ciudadanos del mundo.

Sus creaciones se han presentado recientemente en la exposición de carteles de Hopkins Center de la Universidad de Darmouth (USA); en la exposición de carteles de Alemania, Polonia, Francia y Puerto Rico en Western County Community College, Stone Ridge, N. Y. y en la muestra *The Artist as a Designer* donde Homar compartió honores con Jimmy Dine, Leonard Baskin y Alexander Calder de los Estados Unidos.

Personalidades en el mundo del arte admiran su obra y se han expresado a su favor. Entre otros tenemos a Herman Zapf de Frankfort, Alemania, quien probablemente sea el mejor calígrafo y diseñador de tipos del mundo: autor de los tipos Palatino, Optima, Miguel Angel y Sixtina; Stuart Barrie, profesor y calígrafo distinguido de Edinburgo, Escocia; Donald Jackson, famoso calígrafo inglés de quien *The Observer* ha dicho que es "El calígrafo de la Reina"; Alan Fern quien es un alto oficial de la división de impresos y fotografías de la Biblioteca del Congreso de Washington, etc. Homar hace lo que cree correcto. "Esto es lo mío y no estoy interesado en el mercado internacional del arte..." afirma.

En el mes de septiembre de 1962, rendimos merecido homenaje a la obra de Lorenzo Homar. Entonces decíamos entre otras cosas: "Un raro caso de hombre integral resulta de este extraordinario cultor del trazo, del color y la forma. Pocas veces se encuentra a una mentalidad tan versátil, inquieta, preocupada por todas las cosas vivas y ante todo, tan completa...". Hoy, transcurrido algún tiempo, después de nuestra continua observación de su hombría de bien y de arte vertical, nuestra admiración por el artista y por el hombre honesto se acrecienta más.

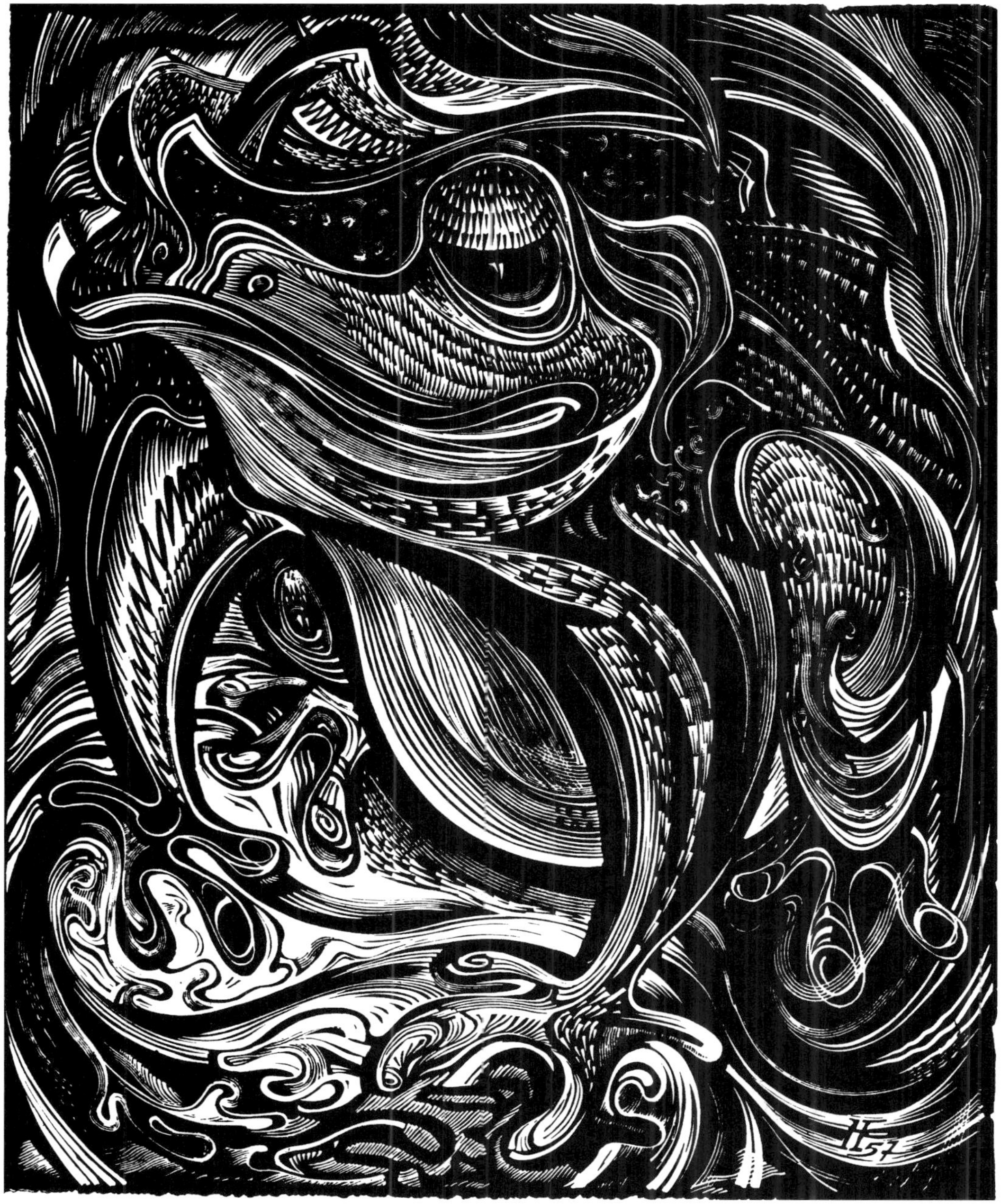

El sapo

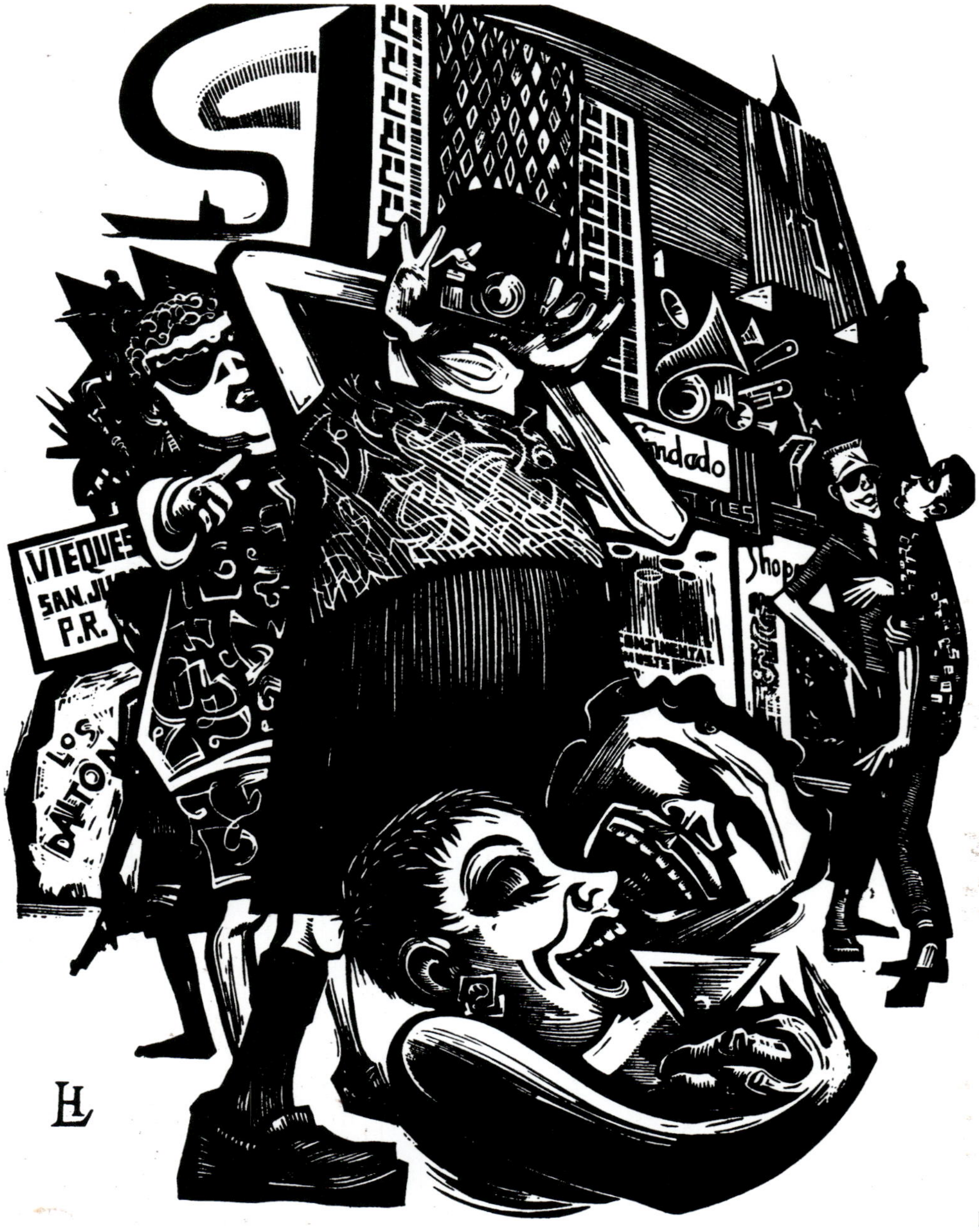

La vitrina

Sus carteles han seguido aumentando en su indiscutible calidad. Sus grabados históricos de "Las Plenas", "El Sapo", "La Vitrina", han servido de plataforma sólida para nuevas obras serigráficas de la pasmosa dimensión que tiene la dedicada a la poeta Julia de Burgos. Allí, inspirado por los profundos versos, plasma en mezcla de tonos y manchas armoniosas el rostro sublimizado de la poeta. Bien se diría que por un proceso de gran abstracción emerge el rostro-recuerdo dentro de la frescura tropical de los azules y los verdes puertorriqueños; todo ello mezclado con magistral sensibilidad dentro de los versos del "rompeolas" de la poeta.

Esos versos grabados por el mejor cultor del arte caligráfico del país han formado con metáfora, abstracción, gran dibujo y mayor cultura, una de las mejores obras de arte producidas en la isla en los últimos años.

El maestro Lorenzo Homar se ha distinguido como escenógrafo, diseñador de joyas, pintor, grabador, pensador, maestro y sobre todo, como hombre de bien.

Con el afán de conocer a fondo su filosofía de vida nos hemos reunido con el maestro, quien con la honestidad integral que lo caracteriza en su arte y en su vida total nos ha manifestado: "El artista tiene que ser plástico. El esfuerzo creativo es lo mejor que se puede legar a la posteridad; la manera como se haga, no significa nada. Hoy estamos viviendo una crisis en el arte, creada por un sistema ultra comercial. Hoy no hay diferencia entre un artista de escuela creativa y un artista comercial. Es muy frecuente la falta de participación de la mano del hombre en la obra del arte. Yo diría que hay una minoría significativa de hombres que aún usan sus manos en las creaciones artísticas. Se ha eliminado al artesano para introducir a la máquina como productora de 'arte' ".

Al gran cultor de la artesanía que es Homar, hemos preguntado cómo ve el arte actual. "En crisis", nos comenta y añade: "Yo comprendo bien que existen jóvenes con gran habilidad y muchos de ellos con grandes convicciones en el contenido de lo que hacen pero existen entre algunos de ellos, grandes confusiones debido al estado socio-político del mundo que en realidad está en crisis".

Le preguntamos cómo cree debe ser el artista actual y nos responde: "Por razones de la crisis de nuestro planeta, el artista debe tener pensamientos sociales. Creo que para un artista de hoy debe ser muy difícil no sentirse algo anarquista en el buen sentido de la palabra y con miras hacia un socialismo significativo en lo más alto de esa palabra."

¿Cuál es la misión de los artistas puertorriqueños de hoy? "Nuestros artistas no pueden sentirse *universalistas* (por más agradable que suene el concepto) como pueden sentirse los artistas de Nueva York, París o Londres." Y luego añade con sentimiento: "Puerto Rico es una colonia y base militar, y este es un status muy doloroso... Es imposible para quien se considere artista el no estar afectado por tal situación...".

"Por la razón expuesta, nuestros artistas se deben expresar de la manera más honrada y natural posible. Su preparación tiene mucho que ver con la forma que le da a su obra, no importa si ésta es expresionista, abstracta o figurativa. Si el creador está consciente de su tiempo y de la realidad de su patria, se manifestará posiblemente en su obra. Orozco dijo una vez a unos artistas: 'Cuando ustedes pinten, no tienen que estar pensando necesariamente en México. Si son ustedes artistas honrados, la obra será de arte mexicano'."

"No puedo evitar el estar consciente de la situación de mi tierra; sin embargo, cuando trabajo sólo me preocupo por resolver problemas plásticos y si lo que sale tiene connotaciones políticas, todo es el resultado de mi formación como artista. Yo sé de muchos artistas que se refugian en las torres de marfil porque son sitios seguros que, igualmente, actúan como gríngolas que les impiden ver los problemas y tragedias del mundo."

"¿Cómo pueden mantenerse 'aislados' o no aludidos los artistas puertorriqueños ante los sucesos ocurridos en la Universidad de Puerto Rico? Tanto hablar de los jóvenes... ¿Por qué no respaldan los artistas con sus obras a los estudiantes que valerosamente tratan de cambiar esta 'cultura' llamada 'de avanzada y de progreso'?".

¿Qué filosofía creativa usa Ud. como maestro de artistas en la Escuela de Bellas Artes? "Yo no pienso en ninguna filosofía mientras enseño, como tampoco la pienso cuando hago mi trabajo personal. Por mi edad actual, soy un hombre formado y fuera cual fuera la ayuda o enseñanza que preste a mis discípulos en la resolución de sus problemas, tal ayuda o enseñanza reflejará indirectamente mi formación personal. Creo que a los estudiantes hay que enseñarles honradez, dominio de su oficio, entusiasmo, pasión, y estoy seguro que llegará el día en que esas manos bien entrenadas harán grandes obras, tal como decía William Morris, 'que los ojos las verán después de hechas'."

"Hay que ser muy duro con la disciplina artística... un artista no puede ser libre sin disciplina. Si se es bailarín, se debe saber bailar. Si se es músico, se debe dominar tal arte. Un acróbata malo, no engaña a nadie...".

"Hoy día en la plástica, cualquiera puede modelar excreta, creerse un Delacroix y decir que eso es arte... Porque así es el mundo hoy. El sistema en que vivimos está caduco; todo se ha comercializado. En 1959 en mi grabado "La Vitrina" vaticiné lo que hoy está pasando en el Condado... A mi edad no puedo preocuparme de que esta o aquella moda artística sea el criterio a seguirse. Yo tengo ya mi meta trazada. Yo soy un artesano, un artista y un impresor: un artista trabajador. En Europa se respeta al artesano y al artista y mucho más a la mezcla de ambos."

Puerto Rico tiene en la persona del maestro Lorenzo Homar uno de los valores más positivos para su gloria local e internacional; ha colaborado en el desarrollo de la alta calidad que tiene la serigrafía puertorriqueña de hoy en el mundo.

Definitivamente es uno de los buenos artistas de su tiempo. Si esto no fuera así, no tendría bajo su magistral tutela a tantos alumnos de diferentes expresiones y rutas plásticas. En Lorenzo Homar, "el buen arte es lo que manda".

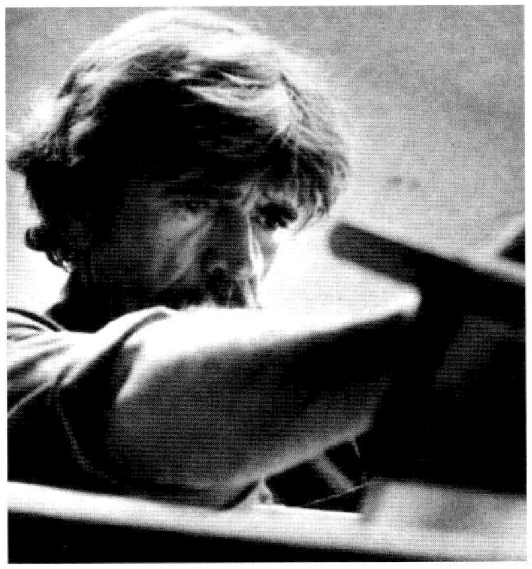

Rolando López Dirube

(La Habana, Cuba 1928 – San Juan, P.R. 1997) Escultor, pintor, grabador. Estudió en la Universidad de la Habana en 1947. En la Liga de Estudiantes de Arte de Nueva York, de 1949 a 1950. Se establece en Puerto Rico en 1961. Algunas de sus exhibiciones individuales son: Liceo, La Habana en 1949; Brooklyn Museum Art School, N.Y.; Universidad de La Habana en 1955; Universidad de Puerto Rico en 1969 y 1976; Colegio de Abogados de Puerto Rico en 1970; Museo de Arte Contemporáneo de Caracas en 1978; Museo de Bellas Artes del Instituto de Cultura Puertorriqueña en 1981; Galería de Arte de la Universidad Interamericana en 1984; Museo de Arte Contemporáneo de Puerto Rico en 1997; Galería Botello, San Juan en 1999.

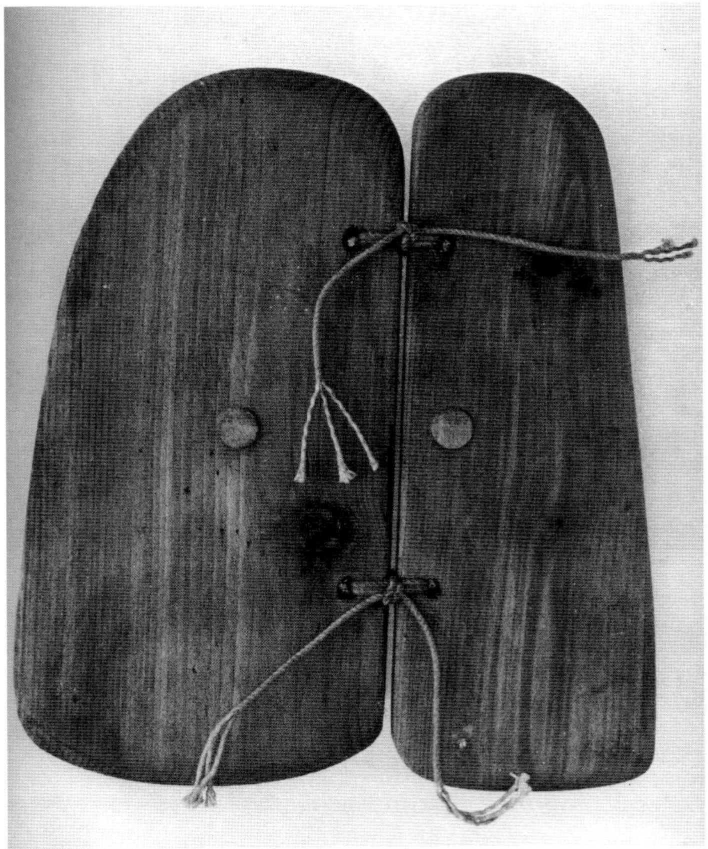

Haiku IV

López Dirube, humanizador de la materia

No pregunto por la montaña sino por el camino.

Anónimo, 1281 A. C. (Filosofía Zen)

En el bello catálogo de la última exposición (1970) de Rolando López Dirube en el Museo de la Universidad de Puerto Rico, está impreso este significativo pensamiento Zen que describe el contenido intelectual que ha motivado la creación de las cinco esculturas de tan trascendental muestra.

La unión rara del pintor poético, el escultor vigoroso, el intelectual preocupado, el ser humano sencillo y proyectado hacia sus semejantes, está presente en el artista Rolando López Dirube quien es además, uno de los más completos artesanos en acción en el Puerto Rico contemporáneo. De todos es bien conocida la capacidad del artista como grabador, pintor y creador estético de interminable calidad. Cada nueva exposición es una aportación de sorpresiva estética en la cual hay abundancia de obra, de colorido y de formas vivas. Vivas por su sensibilidad, estética, factura y textura.

En su última presentación, para nosotros la más importante, presenta cinco pequeñas esculturas de madera humilde, sin aderezos cromáticos o pulimentos sofisticados. La integración de las mismas se manifiesta por ensambladuras elementales y con cordones que logran ataduras de remedo filosófico.

Las viejas (pero nuevas) esculturillas, han visto al fin la luz para descubrir, después de muchos años de producidas, el cabal pensamiento y la línea de creatividad de nuestro artista. Son arte en esencia. Punto de partida, camino y destino de toda una obra. Son sustancia y estructura del arte sensible del cultor y humanizador de la materia que es López Dirube.

La "razón" de estas obras es la autorrealización y tal vez una necesidad íntima de investigar. "Al desarrollar este esfuerzo de análisis —dice el artista— noté que en vez de acontecerme lo que a Giacometti, a quien se le esfumó la materia entre las manos al someter la escultura a un análisis feroz, me di cuenta que a mí la materia no se me esfumaba, sino que se me polarizaba, se intensionaba, devenía en gesto, en ademán." Y luego añade: "Al atar mis propias manos, es decir, al limitar sus funciones por medio de sus funciones mismas, reproduje un proceso escultórico fundamental: el hacer y deshacer en un plano más conceptual que material. Expongo, más que materia escultórica, intención escultórica. Más aún, creo que escultura no es una cosa, sino una función. Del ademán a la escultura sólo hay un infinitesimal de creatividad."

Para nuestro artista no existe el deseo de imprimirle a la obra un carácter digital, sino el anhelo de dotarla de la cualidad gesticulante que la humanice. Ese ademán es un movimiento del cuerpo que expresa un sentimiento. Para él la escultura como ademán debe expresar su conocimiento y su experiencia de las cosas.

El largo experimento de López Dirube ha logrado reproducción en otras condiciones diferentes. Con el uso de obreros, de equipo mecánico para construcciones, operadas por otros que no sean el propio escultor y con su contacto directo, ha conseguido que su concepto escultórico aflore sobre la materia y no se quede aprisionado dentro de la misma.

Lo escultórico no es madera preciosa ni sudor artesanal acumulado; ni siquiera la capacidad de forzar la materia a formas concebidas *a priori*, producto de una estética

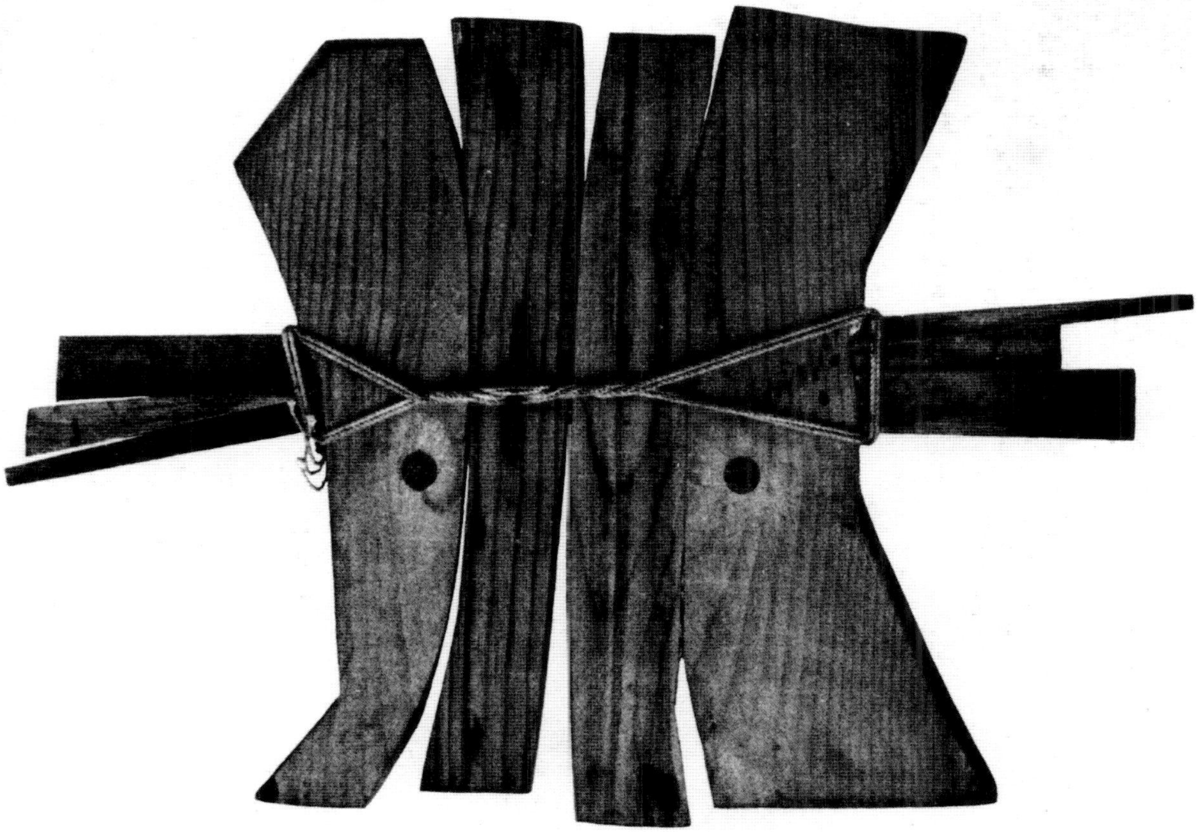

Haiku II

en desintegración. Lo escultórico radica en la expresión de nuestro conocimiento íntimo, vivencial, de las cosas en *forma intuitiva.*

Con esta filosofía clara, el genial escultor ha logrado un contacto positivo con la arquitectura. Bien diremos si afirmamos que es uno de los más importantes integradores de las artes ya que su trabajo se hermana y se aglutina con el todo arquitectónico.

Con el hormigón, material que personifica nuestra arquitectura contemporánea, el artista ha creado piezas maravillosas que son parte vital del quehacer arquitectónico. Con este material que permite obras monumentales sin el costo de materiales preciosos, ha llevado a cabo su obra de integración. La escala de la obra escultórica en hormigón armado apenas afecta el presupuesto del conjunto si se lo compara con el procedimiento del mármol, el bronce, la madera, etc.

En nuestro ambiente, donde se conocen bien los secretos del hormigón, donde no abunda el mármol ni el bronce, donde no tenemos artistas fundidores ni marmolistas y, donde tenemos dos fábricas de cemento, es muy lógico que la técnica del arte en hormigón tenga visos de realidad y raigambre positivo.

"Las montañas de Carrara, –dice el artista–, no tenían una Pietá ni un David palpitando dentro para dignificarlas. Carrara y Piedra Blanca serían sinónimos si no hubiesen existido italianos con el coraje y el talento de hacer de Carrara. 'El monte que pare arte', lo cual es un mito y una injusticia, pues fueron los italianos y no el monte quien 'parió' escultura. Una fábrica de cemento es hoy en día, otro monte de Carrara."

Para López Dirube, el escultor contemporáneo tiene que aprender a sentir el poder de la grúa con la misma fe que sentía antaño la pujanza de su brazo. El taller de este arte es el campo de la construcción con las cuadrillas de obreros, mezcladoras de hormigón, encofrados, sensibilidad y espíritu.

"No quiero motivos taínos, ni caribeños, ni arcaicos de ningún tipo en torno a mis obras. El taíno soy yo... El hormigón tiene cemento, arena, acero, utilidad... Yo quiero darle realidad", nos ha dicho.

Todos estos criterios son bella realidad. La escultórica de Rolando López Dirube da acento, prestigio y equilibrio a muchas obras importantes de arquitectura local: residencias, urbanizaciones, edificios de uso médico, teatros, centros comerciales, edificios de apartamentos, conjuntos urbanos, etc., contienen ya obras del distinguido y fecundo artista. Estas obras han sido concebidas con el humilde hormigón puertorriqueño y erigidas con el respaldo del sudor y las manos de sencillos obreros boricuas.

El procedimiento y el pensamiento que generan las esculturas de nuestro escultor tienen raíces muy humanas. Si todo esto se une al gran artista y maestro del manejo de la materia que es Rolando López Dirube, el resultado es la bella integración de las artes que hoy admiramos conviviendo felizmente con nuestra arquitectura contemporánea.

Dirube*

El ambiente cultural de la parte final de 1961 nos puso en contacto con la personalidad vigorosa de Rolando López Dirube. En esos días manteníamos diálogo con otros, preocupados sobre la problemática espacial de los ámbitos arquitectónicos y urbanísticos en nuestro mundo insular puertorriqueño, ya que dirigíamos entonces nuestro Instituto de Arquitectos.

Para nosotros, preocupados permanentemente por la vigencia y permanencia del Humanismo, tantas veces despreciado en nuestro tiempo, la presencia real de este personaje vigoroso, optimista, sensible y gentil llenaba un vacío profundo. Qué difícil resultaba entonces, dentro de nuestras preocupaciones quijotescas de enderezadores de ciudades y de estetas por vocación, el encontrar un alma con tantas preocupaciones, intereses y habilidades en el ámbito del más puro humanismo.

Cuando lo conocimos, traía consigo el lenguaje de la arquitectura, disciplina que empezó a estudiar desde muy joven en su natal Habana. En el vehículo de la arquitectura se movió por los caminos de la filosofía, las matemáticas y la ingeniería. Esta estupenda base y humanísticas preocupaciones lo guiaron a su dedicación vitalicia en la carrera artística, iniciada en Cuba a los diecinueve años.

A Puerto Rico trajo, en 1961, además de su cerebro privilegiado y de sus poderosas manos de escultor, pintor, grabador y dibujante, una envidiable lista de logros académicos y estéticos: becas de su Cuba natal, becas del Brooklyn Museum de Nueva York, del Instituto de Cultura Hispánica de Madrid, del Institute of International Education de

---

* Este escrito es la introducción del libro *Dirube*. Madrid: Editorial Playor, 1979.

Nueva York y de otras prestigiosas organizaciones internacionales. Dichas becas lo llevaron más tarde a ganar premios en pintura y grabado en la primera exposición de Arte Latino Americano de Tampa, en la Primera Bienal Hispanoamericana de Madrid, en la Unión Panamericana de Washington y en Europa.

Su obra ya había sido expuesta en Alemania, Inglaterra y otros países europeos cuando lo conocimos. También había realizado más de 70 murales y esculturas de hormigón armado, hierro y acero para edificios públicos, escuelas e iglesias en Cuba. Esta franca expresión monumental, tan amarrada a la Arquitectura y lograda con el correcto lenguaje de nuestro arte contemporáneo, despertó en nosotros aún más creciente interés y confianza en el futuro de su creación artística.

Su formación artística nace en La Habana, prosigue en Nueva York, continúa en Madrid y crece desde entonces, en el ambiente lleno de luz, color, textura, alegría y vigor del mar de las Antillas: Cuba, Santo Domingo, Florida y su hogar actual (1970) en Puerto Rico. La obra permanente de Rolando López Dirube nos prueba que es uno de los más importantes artistas de nuestro mediterráneo americano: el mar Caribe.

Conocemos la obra de este artista prácticamente desde sus inicios. Cuando estudiaba en Europa, compartíamos, sin saberlo, los mismos espacios urbanos, los mismos centros culturales y el mismo tiempo histórico-estético. Luego, por la preocupación tridimensional de ambos, admirábamos desde lejos su labor escultórica como parte integral de la arquitectura contemporánea de Cuba. Y a poco de su llegada al nuevo hogar borinqueño, ocurrió, por iniciativa del artista, el encuentro personal que desde entonces motivó en nosotros una ecuación matemática resultante de nuestro existente afecto por su obra, más una nueva admiración motivada por nuestro descubrimiento de que el producto artístico y este ser humano excepcional eran una unidad: hombre-arte y arte-hombre.

Hemos sido testigos desde 1961 del desarrollo cualitativo de la obra de este artista en el escenario puertorriqueño y en la región del Caribe. Como pintor, como dibujante, como grabador, como escultor, como gladiador por la cultura, como maestro y sobre todo, como ser humano distinguido.

Cada obra nueva, cada pensamiento expresado por su inquietud de intelectual superado es para nosotros su afán incontenible de encuentro con la verdad, de realización de la honestidad y de depuración estética. Su obra diaria es siempre nueva, sorpresiva, joven y virgen.

Todo su trabajo se manifiesta siempre por la poética de la expresión y por el vigor de una lucha permanente, la cual siempre está latente en el contexto de sus colores musicales, sus texturas desconocidas y la destreza con que nos presenta las insospechadas calidades estéticas de la naturaleza en el vehículo de los metales, las piedras o las maderas centenarias de nuestro querido mar Caribe, con las cuales da vida trascendente a las vibraciones más profundas de su espíritu rebelde y gentil.

El silencio que prevalece en el interior de su físico a partir de la infancia de sus siete años ha sido superado con la más bella poesía que posee ese desconocido y fascinante mundo subsónico que sólo el artista conoce y domina. Ese silencio, lo sabemos, nada tiene que ver con la musicalidad y ruidoso alborozo de sus madonas; con las risas sonoras de sus colores y texturas, con la violencia y crujientes disputas de sus combatientes y con el estruendo transmitido con la rotura y vulneración de sus armaduras con el impacto de las espadas japonesas. El hecho de su silencio interior nada tiene que ver con la sensibilidad, la educación, el hombre y el gran artista que siempre existió y perdura en lo físico de Rolando.

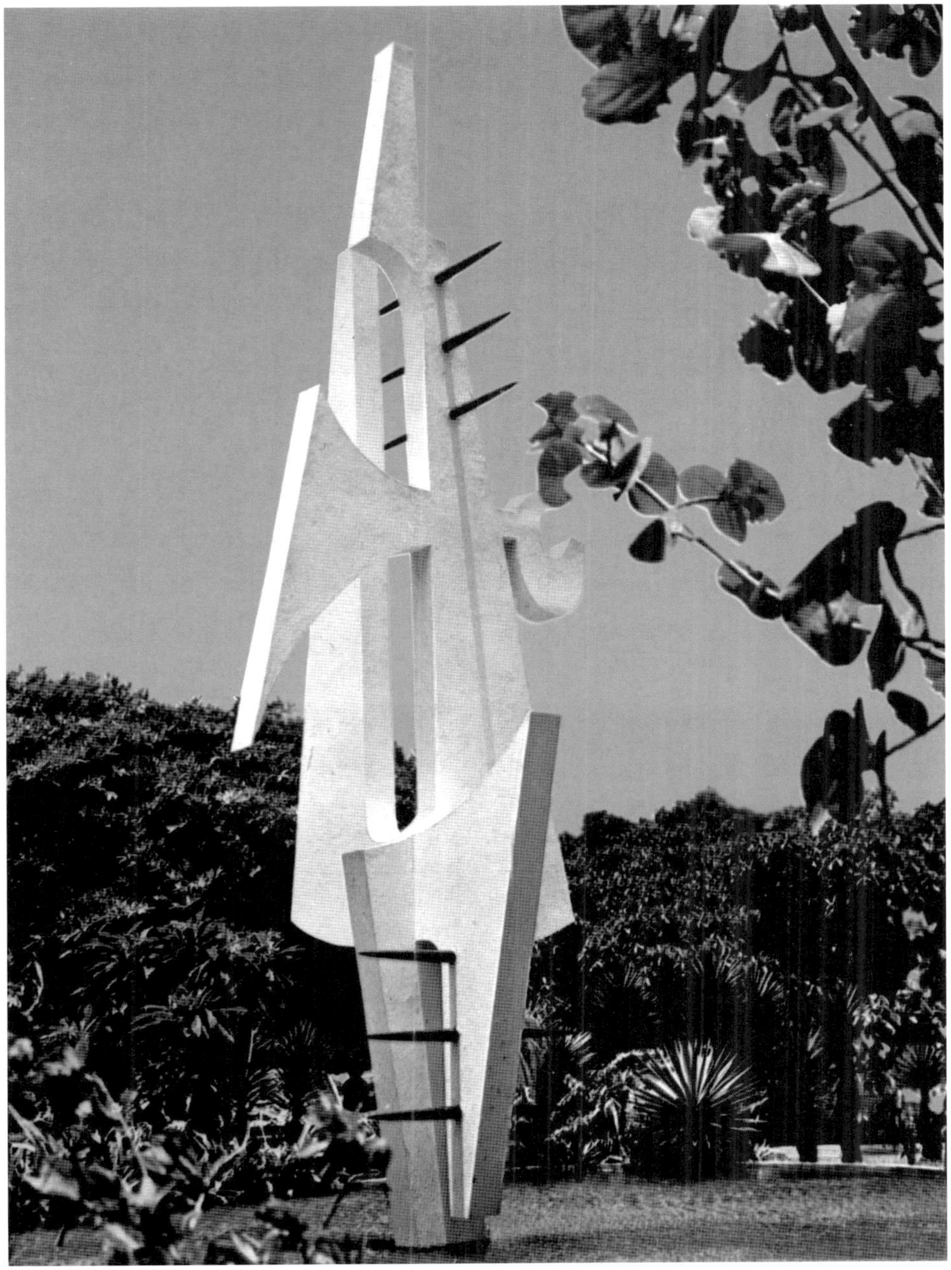

Escultura en la Urbanización La Arboleda, San Juan, Puerto Rico.

En su interior hay frecuentes preocupaciones humanas y estéticas. Nos ha confesado en varias ocasiones, de su encuentro consigo mismo, motivado por su presencia ante la alegría de un grupo de niños, o en la contemplación del multicolor de las flores, o en el vórtice de gaviotas y pelícanos volando en torno a su bote, en amaneceres solitarios en el centro de la bahía de San Juan. Ese vórtice sonoro no escuchado motivaba gritos estentóreos, tampoco escuchados, pero generadores de encuentros necesarios consigo mismo... Según nos dijera.

Este hombre, preocupado por la estética de un rinoceronte miope, por el filo de un hacha, por el pico de un ave o por la espada de un *samurai,* manifiesta sus afanes combativos con sus "Armaduras vulneradas" o con sus maderas de centenaria dureza, domadas a golpes y cortes para que proyecten tersura de carnes jóvenes o texturas vivas de calidad sedante.

Con vigoroso convencimiento, Rolando ha dicho: "El cerebro no produce óleos ni esculturas, sino ideas. Ideas que uno realiza después por medio de técnicas. Por supuesto, de las técnicas que uno conoce... Una idea se puede expresar mejor a fuerza de mandarriazos junto a una fragua; otra, con la punta de un pincel japonés, y una tercera, con una excavadora mecánica." Luego añade, "Nunca he podido comprender plenamente qué implica la denominación de abstracta que le dan a veces a alguna de mis obras. Si el punto de arrancada, el pretexto o el motivo de que me lance a hacer un dibujo o una escultura son propiedades topológicas del Torus, un cuerpo geométrico inexistente, o las cualidades sensuales de la espalda de una mujer ideal –otro cuerpo inexistente–, es lógico que los resultados sean diferentes. Sin embargo, ambos pasan por procesos idénticos de 'artificación'. Yo podría incorporar ambos al mismo papel o a la misma madera sin contradicción conceptual alguna."

Herbert Read, filósofo del arte y pensador profundo, ha dicho: "La historia del arte ha sido dominada por los trabajos de pocos genios. Esta labor ha sido sólo una manifestación menor de cada periodo histórico, y la misma consiste de partículas en las líneas de fuerza que emanan de tales periodos."

El mundo contemporáneo de Rolando López Dirube palpita al unísono con la ruidosa tecnología que caracteriza nuestro diario vivir. Las altas matemáticas, la cibernética, el cálculo, la física, la psicología y la búsqueda por muchos del humanismo perdido... Respuesta a esto son los murales en proyección modular controlados por computadoras, comisionados por la Dorado Housing Development, que el artista estudia hoy, y la labor llevada a cabo recientemente en un parque de Perrine, Florida, donde López Dirube ha efectuado el hecho de una gigantesca escultura de hormigón armado. Esta pieza de escultura-arquitectura describe bien el universo intelectual de nuestro artista, quien allí logra la integración paisaje-hombre.

En nuestro tiempo ha aparecido en nuestro Caribe uno de esos raros genios que hacen historia con su arte. Bien diríamos que el espíritu de su obra sigue los postulados de Rodin en los principios de su testamento, en el cual, además de aconsejar fe absoluta en la naturaleza, recomienda: "Concibe la forma en profundidad. Indica los planos dominantes con claridad. Imagínate las formas como si estuvieran dirigidas hacia ti; toda la vida surge de un centro y se expande de allí hacia fuera... El propósito primordial es el ser motivado a amar, a esperar, a temblar, a vivir. Debes ser hombre antes de ser artista."

De Rolando López Dirube esperamos mucho más de lo que ha logrado hasta hoy con indiscutible éxito. Admiramos y reconocemos la maravilla de las motivaciones de su espíritu, y sobre todo, la vigorosa y sensible labor de sus prodigiosas manos.

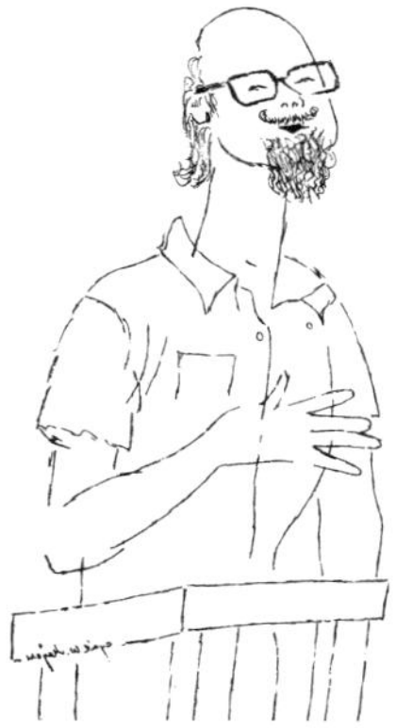

P. Cirilo Meijers o.p.

(Nimega, Holanda 1921 – San Juan, 1975) Grabador y dibujante. Fray Cirilo Meijers, o.p. fue ordenado sacerdote de la Orden de los Predicadores (Padres Dominicos) en 1947. Llegó a Puerto Rico en 1949. En su familia de artistas se distinguieron artesanos, plateros y comerciantes de artículos litúrgicos y religiosos. Fue nombrado por su orden religiosa en 1955, para preparar un centro parroquial en la nueva urbanización Hermanas Dávila de Bayamón. Este proyecto incluía una escuela elemental e intermedia con capilla flexible. Seguidamente, en un solar contiguo a la escuela se proyectó y construyó, con el diseño del Arq. Efraín Pérez-Chanis, la iglesia de Santa Catalina con casa parroquial superior local inaugurada el 8 de diciembre de 1963. En este proyecto Fray Cirilo participó en el diseño de interiores del templo y como consultor litúrgico. Después de un año sabático dedicado al servicio social y al arte del grabado fue nombrado párroco de Comerío, en el centro de la Isla, hasta que en el 1966 su equipo parroquial de padres dominicos fue relevado de sus tareas religiosas y altamente sociales por el Obispo Grovas de Caguas. A partir de ese momento, Fray Cirilo se dedicó completamente al servicio social de los pobres del barrio Palomas del pueblo de Comerío, donde practicaba el dibujo, el grabado y la escultura, logrando una exposición individual en un humilde bar y restaurante del pueblo. Murió el 4 de junio de 1975 y fue enterrado, según su deseo, en el cementerio de Comerío junto a sus queridos pobres del barrio Palomas.

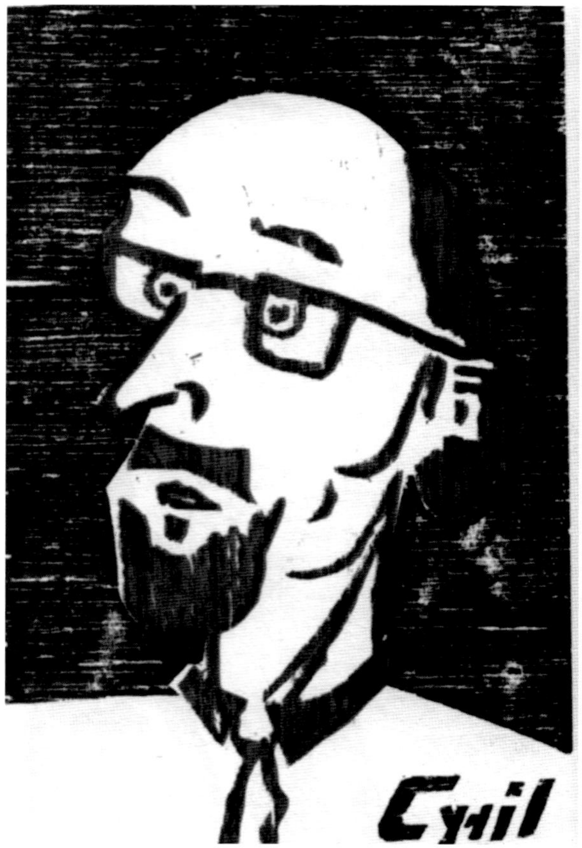

Cyril W. Meijers expuso en Comerío

En un acto sencillo, sin petulancia y con gran sentido humano, el sacerdote dominico Cyril W. Meijers inauguró su primera exhibición de arte gráfico.

La actividad se inició el pasado 3 de diciembre en el pintoresco pueblo de Comerío en el comedor del restaurante Comerío Steak House.

En ese popular ambiente del pueblo donde sirvió como párroco hasta que fue expulsado hace poco por el Obispo de Caguas, se presentaron serigrafías, grabados, dibujos y diseños rebosantes de ingenio, humanismo, sensibilidad y humorismo. Esta muestra de su arte fue llamada por su autor: "Mi púlpito nuevo".

Los valientes trazos y líneas del artista, demuestran el sentido realista de la vida angustiada de hoy y el profundo amor humanitario del trabajador social total. Todo esto amarrado por un sentido del color que lo delata como cultivado intelectual europeo al servicio desprendido de los campesinos de Puerto Rico.

La dirección de *Urbe* se honra en informar sobre esta exhibición tan humana, carente de las "lentejuelas" y "brillos" de los cocteles de champán, tan populares en las galerías de arte de nuestro *stablishment*.

Cyril W. Meijers, sacerdote dominico, nació en Holanda hijo de un artista en orfebrería. Sus padres le dieron el amor al arte plástico. Desde pequeño empezó a dibujar y pintar como pasatiempo. Sus sueños fueron hacerse arquitecto o sacerdote. Él eligió el sacerdocio y dedicó veintidós años de su vida a la pastoral activa como sacerdote en tres parroquias de Puerto Rico. Durante esta tarea apostólica nunca escondió su amor al arte. Prueba de ello son sus diferentes decoraciones en servicio a fiestas eclesiásticas, la expresión plástica del santo rosario en el desfile del bicentenario de la parroquia de Yauco, su colaboración con el arquitecto Efraín Pérez-Chanis en el diseño de la iglesia Santa Catalina de Sena en Hermanas Dávila de Bayamón, su participación con el fenecido artista Carlos Marichal en la fundación del centro cultural en Yauco en 1950, y luego en el intento por fundar un centro igual en Comerío.

Durante su pastorado en Comerío diseñó el mural en la plaza de Comerío para despertar en la juventud el amor al arte.

Su amor al arte gráfica se vio en las publicaciones parroquiales como crónicas, folletos, libritos de misa y programas de fiestas eclesiásticas.

Desde hace poco expulsado de la parroquia de Comerío como párroco por el obispo de Caguas sin dar razones, e imposibilitado por los demás obispos para trabajar en la pastoral jerárquica en la isla, quiere Cyril W. Meijers seguir viviendo y trabajando como sacerdote dominico en Puerto Rico porque la obediencia que lo mandó en 1949 para acá le obligó a comprometerse con la problemática cristiana actual.

Su arte de gráfica aficionada le da la oportunidad de ganar el pan de cada día y al mismo tiempo de expresar su compromiso cristiano con el pueblo puertorriqueño al que se entregó.

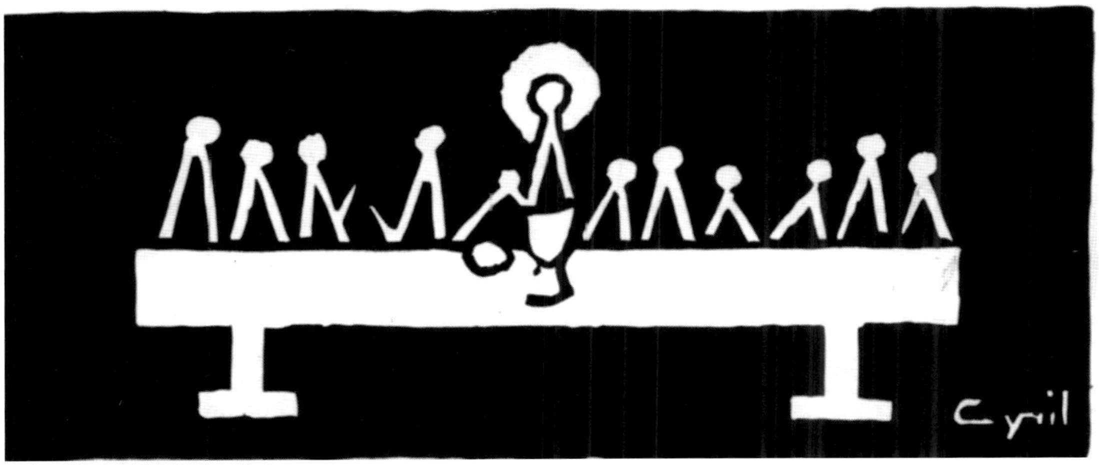

¿Por qué quitaron tu mesa, Señor?

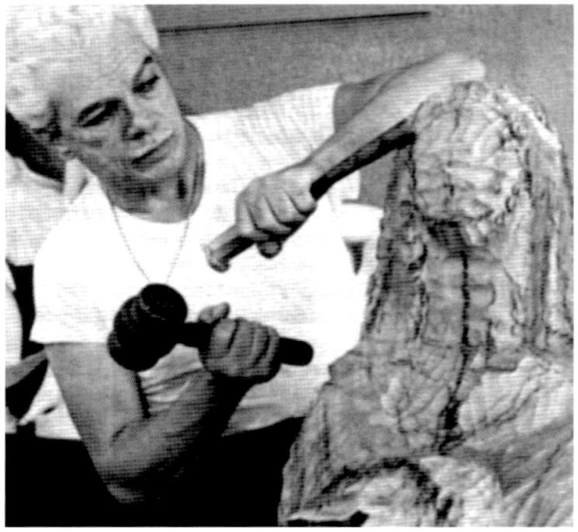

Jorge Rechany

(San Juan, 1914-1990) Pintor y escultor. Estudió con Alejandro Sánchez Felipe y con Ramón Frade. En Nueva York estudió en la National Academy of Design. En 1958 estudió en el Instituto Nacional de Bellas Artes de México. En 1961 estudió en Pietrasanta, Italia con Enrico Pandolfini. En 1974 asistió al Pratt Graphic Center de Nueva York. Fue director de la sección de Artes Plásticas del Ateneo Puertorriqueño de 1961 a 1965. Fue profesor en el Colegio Universitario del Sagrado Corazón de 1956 hasta 1969. Sus exhibiciones individuales incluyen: Ateneo Puertorriqueño en 1961; Galleria D' Arte San Marco, Roma en 1962; Museo de la Universidad de Puerto Rico en 1963; Retrospectiva en el Instituto de Cultura Puertorriqueña en 1969; La Casa del Arte en 1971; Unión Panamericana, OEA en 1973; Galería María Rechany en 1977; Instituto de Cultura Puertorriqueña en 1979; Museo de Bellas Artes, San Juan en 1983; Retrospectiva de cinco décadas en el Arsenal de la Marina, San Juan en 1990.

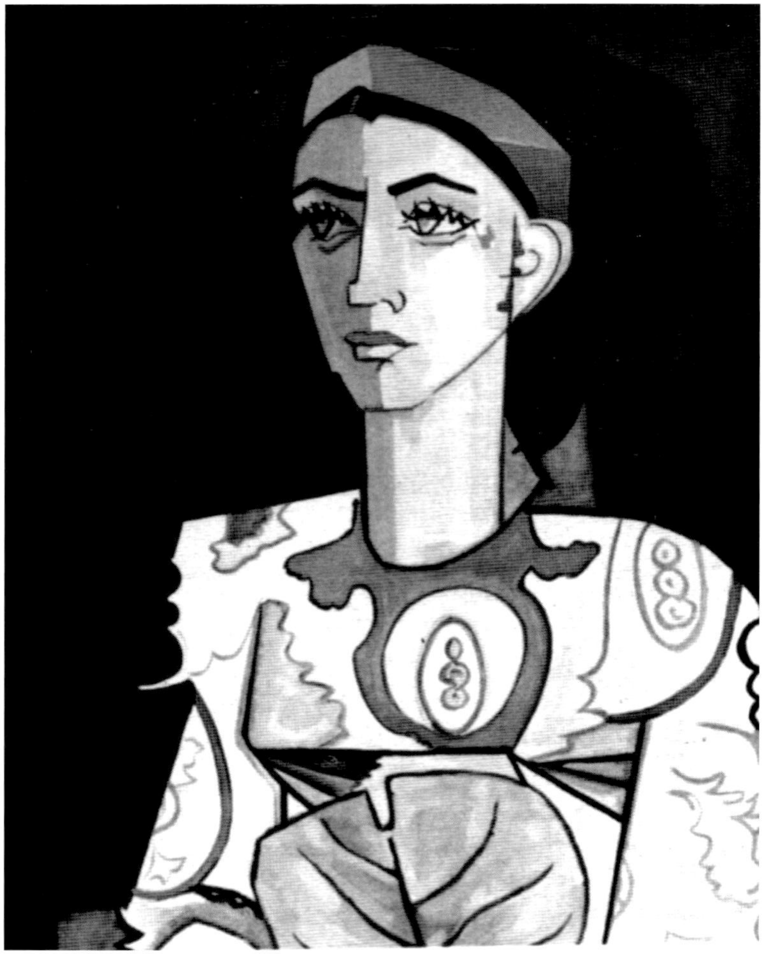

Igora II

Jorge Rechany, poeta de la forma y del color

El vigoroso arte pictórico de Jorge Rechany es el producto de un predestinado para la creación armoniosa de la poesía en la forma y el color. Nada es más correcto que el asegurar que nació para la práctica permanente y apasionada del arte.

Al tratar su personalidad, contemplar su prolífera obra y escuchar el lenguaje de su alma sencilla, llegamos a la conclusión de que sólo pintor habría de ser en su vida.

Indiscutiblemente, Rechany es uno de los valores consagrados para la posteridad entre los pintores puertorriqueños de valía. Pertenece por luz propia, al Renacimiento puertorriqueño, al cual también pertenecen talentosos colegas de su época, entre los que se cuentan: Cervoni, Bonilla, Delgado, Tufiño, Rosado del Valle y Marín.

Al inicio de sus preocupaciones y motivaciones artísticas de origen infantil sólo existían los maestros Frade y Pou en el verdor de Puerto Rico. Tales maestros pudieron ser un punto de partida para un niño inquieto, producto de una isla pobre en medio del mar, sin museos y sin profunda tradición pictórica.

El pequeño estudiante Rechany, con habilidad nata para el dibujo, el color y el retrato, ganaba centavos haciendo dibujos para las asignaciones de sus compañeros de estudios y así se convirtió, por imposición de sus maestros, en el artista ilustrador del salón de clases mientras en su hogar hacía retratos libres de hermanos y parientes allegados.

Esta curiosidad y habilidad interior por el arte en su ser de infantil primitivo lo llevaron a curiosear el estudio del pintor español Fernando Díaz McKenna, residente en esos días de Puerto Rico. Tan asiduas eran las visitas y la curiosidad del niño artista al estudio del retratista español, que al final fue invitado al interior del estudio a ver en un plano más próximo los secretos del color aplicado. Confiesa Rechany hoy que su primera lección de color se la dio el artista español en su niñez, cuando le dijo: "Si deseas preparar un negro bonito, mezcla azul ultramarino con tierra de Siena".

Más adelante, se enfrenta directamente con el arte cuando se convierte en discípulo de otro gran artista español, el maestro Sánchez Felipe, con quien tiene la oportunidad de usar modelos vivos. Con este maestro convive en el arte poco tiempo, ya que presionado por su padre debe seguir "una carrera productiva".

Ante esta confrontación debe elegir entre ir al ejército o estudiar arquitectura, carrera que estudia por un año y que abandona para persistir en la pintura. Nuevamente su progenitor, deseándole una carrera "productiva", lo encamina hacia los estudios del arte comercial. En esta nueva escuela pronto se convierte en un *monitor* o asistente del maestro, ocasionando en su labor una rutina insufrible en su poético espíritu. Allí, el profesor De Lessly lo orienta a tomar los exámenes de ingreso al National Academy of Design, donde en los exámenes de oposición consigue ser aceptado *on probation* por

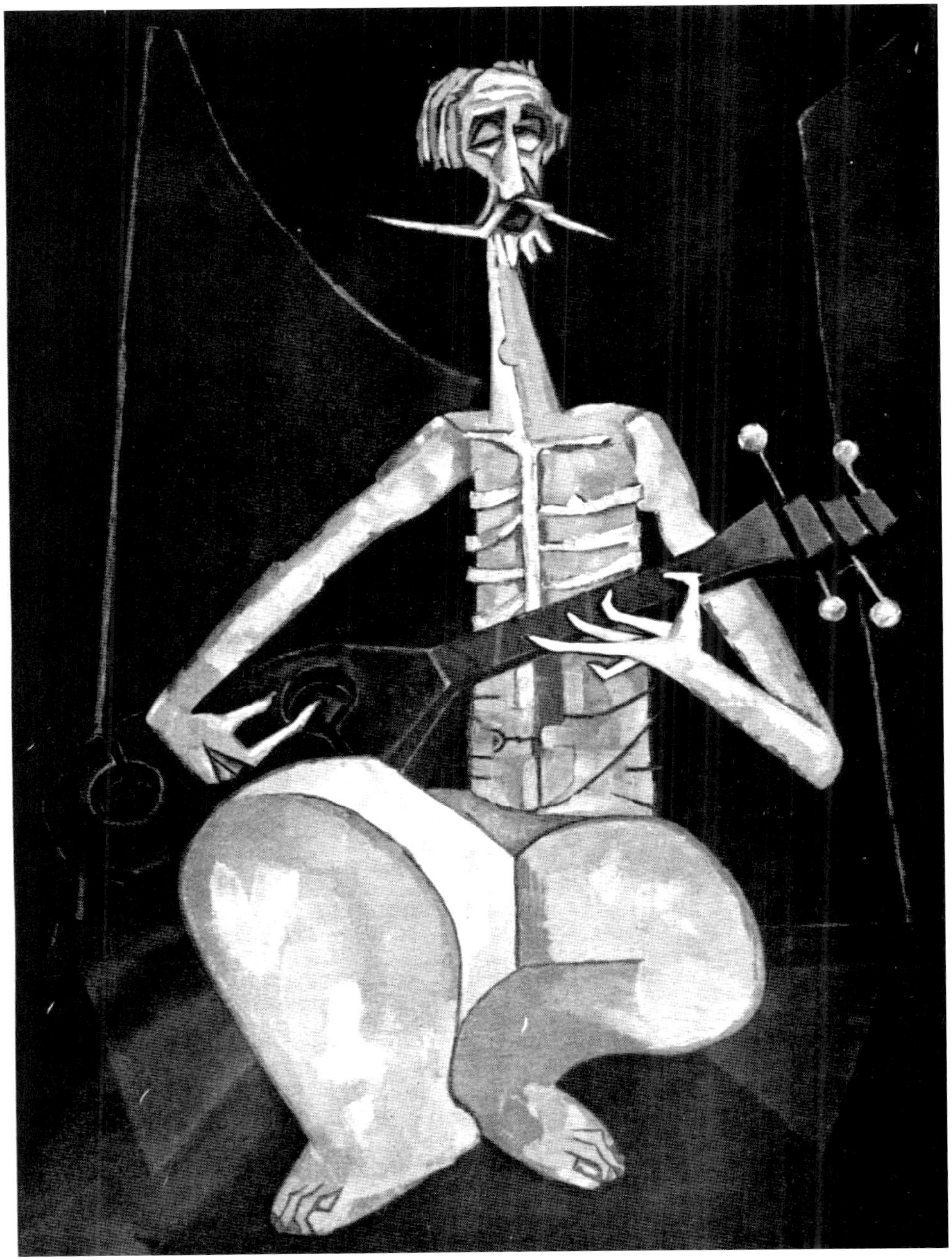

Il Trovatore

cinco semanas. De este momento en adelante se inicia la formación escolástica definitiva del artista.

La dedicación de Rechany es ejemplar. La búsqueda constante de la razón de ser de su arte y el celo de su lograda excelencia son notorios en toda su producción. En su primera cosecha su figurativismo es acentuadamente respaldado por los patrones académicos, naturalistas y clásicos del conocedor de las técnicas y secretos de la pintura.

Los "Retratos de Francisco Oller" y el "Betances", ambos de la colección de nuestro Instituto de Cultura, y "La toma del anillo" óleo mural del Capitolio de San Juan, al igual que "La autonomía", mural en mosaico bizantino de la cúpula del Capitolio, son ejemplos de esta expresión.

Más tarde, luego de sus visitas a México e Italia, su arte se llena súbitamente de luz y poesía. La morfología adoptada va hacia un expresionismo de marcado realismo, que lo sigue caracterizando como el retratista prodigioso de siempre. En esa época expone en Italia.

A mediados de la década de los sesenta, su obra consigue más distorsión, sus colores más estridencia, los contornos se vuelven precisos, duros y lineales; en fin, las superficies se vuelven planas con plasticidad de infinita calidad.

"Secretaria del 70", "Igora I en Igora II" con "Retrato de María" son bellos ejemplos de estos conceptos. Pero... donde la excelencia llega al súmmum —y el pintor también está de acuerdo— es en la maravillosa pieza de "Las tres Gracias", obra donde se desbordan la poesía, la forma y el color característicos de la obra actual de Rechany.

Nuestro artista es un permanente preocupado por la temática costumbrista y folklórica de Puerto Rico. "Consummatum est" se preocupa por las leyendas de brujerías del gran pueblo al igual que "La consulta". En la versión del "Velorio" de Oller, mejor conocido como el "Baquiné", se revive la nostalgia del pueblo y se rinde homenaje a un inmortal del arte del pasado puertorriqueño.

En el campo de la escultura Rechany ha tenido poca actuación. Su obra "Santa Bárbara" basta para consagrarle, por su esquisitez, en este difícil campo del arte.

La honestidad y preparación de Rechany se trasluce cuando nos habla del arte en Puerto Rico. "En Puerto Rico hay un verdadero Renacimiento en la pintura y el grabado. La pintura y el grabado puertorriqueños, están a la altura de cualquier país del mundo." Cuando nos habla del futuro del arte local nos hace énfasis en una buena escuela de artes plásticas. "En nuestro país tenemos grandes maestros nativos, con conocimiento, tesón y deseo de trasmitir. Desgraciadamente, los comerciantes del arte están imponiendo varios pintores jóvenes sin la necesaria preparación, base y orientación. Por sus obras se está imponiendo un precio equivocado que hace daño al arte total y que aumenta la inmadurez de esos noveles pintores."

Rechany admira a Rembrandt en su última época y estima el arte actual del mundo como un accidente de cambio constante, de lo cual la creación de auténtico valor será muy pequeña. "Los órdenes son eternos y no se los puede cambiar", nos ha dicho. "Rodin fue el Miguel Ángel de su tiempo", comenta cuando habla de los valores permanentes de la tradición bien entendida, la cual compara en el correr de los tiempos con la carrera de relevos de artista a artista.

Por la obra producida, por sus exposiciones en varios rincones del mundo, por sus premios, por sus pensamientos y por la maravillosa calidad siempre superada de su obra, estamos seguros de que el pintor Jorge Rechany ha hecho gran poesía con la forma y el color para el prestigio de su Puerto Rico, al cual ama entrañablemente.

Epílogo

Integración de las artes

La calidad de la arquitectura que se hace hoy en Puerto Rico ha sido reconocida ampliamente en el ámbito internacional y local. Este hecho indiscutible se debe a la labor dedicada y excelente de los arquitectos quienes, en nuestro medio de grandes limitaciones, consagran su labor al sacerdocio de la buena arquitectura.

Se puede afirmar que en esta isla, la arquitectura ha logrado –al fin– mayoría de edad y respeto ante la comunidad. Esta realidad es contrastante con el conocimiento que de ella se tenía hace sólo quince años; época en que "distinguidos" servidores públicos, comerciantes, universitarios y otros ciudadanos desconocían la labor del arquitecto, al cual sólo se le creía capaz de "arreglar fachaditas".

En todos los países del mundo donde se respetan los cánones humanísticos, culturales y estéticos, se ha considerado siempre a la antigua profesión del arquitecto como una de las más importantes labores del hombre: es la física plasmadora de los periodos históricos y la que nos muestra la manera de vivir y el espíritu del ser humano a lo largo de su historia.

Esta manifestación social hecha profesión ha obtenido sus más altos sitiales, cuando ha sido el contenido de las preocupaciones espirituales y humanas de los hombres en el tiempo. Dichas manifestaciones se han hecho físicas en el vehículo del arte, se han perennizado en el Románico, el Gótico y el Renacimiento como un todo, con la arquitectura como marco catalizador y como agente de bella integración espiritual.

Hoy los arquitectos con preocupaciones culturales y humanísticas están tratando en todo el mundo de promover nuevamente tal integración en las artes, tal como se hizo exitosamente en el Renacimiento, por ejemplo.

El logro del trabajo en equipo de escultores, pintores, arquitectos y ¿por qué no?, los músicos, es ideal para la mejor realización de la obra integral de las artes que será la pieza arquitectónica total.

En nuestro medio, este movimiento ya ha sido iniciado y conviene que más arquitectos se preocupen por acrecentarlo.

En lo referente a los proyectos públicos, existe una civilizada ordenanza administrativa fechada el 18 de julio de 1962 con el número F5-62 y firmada por el gobernador de turno, en la cual se ordena a los jefes de agencias el separar un porcentaje del valor de la obra pública para "decoración y embellecimiento" en consulta con el Instituto de Cultura Puertorriqueña. En otras palabras, se respalda la integración de las artes en nuestro medio y así queda en manos de los arquitectos y artistas el lograr esta integración por el bien de nuestra cultura.

S 709.7295 P
AIT-5817
P0rez-Chanis, Efra∅n
E., 1920-
Cr≤nicas en un tiempo
de arte /
c2003.

NO LONGER PROPERTY OF
THE QUEENS LIBRARY.
SALE OF THIS ITEM
SUPPORTED THE LIBRARY

Este libro se terminó de imprimir
en el mes de diciembre de 2003 en
los Talleres de Artes Gráficas de
RAMALLO BROS. PRINTING, INC.
Carr. #1, Km. 25.5, Bo. Quebrada
Arenas, San Juan, Puerto Rico.